＼ 仕組みを理解して売上・影響力アップ！ ／

X（Twitter）集客

実践ガイド

リック ［澄川輪夢］

JN087830

ご利用前に必ずお読みください

本書に掲載した情報に基づいた結果に関しましては、著者および株式会社ソーテック社はいかなる場合においても責任は負わないものとします。

本書は執筆時点（2023年8月現在）の情報をもとに作成し、掲載情報につきましては記事執筆時点の表記に準じて解説しています。例えば従来「Twitter」と呼ばれていたサービスは、2023年7月に「X」と名称変更されました。同様に「Twitter広告」は「X広告」に変わっています。「Twitter Blue」は今後「X Premium」に変更される予定です。Xでの投稿は「ツイート（Tweet）」から「ポスト（Post）」に変更される見込みです。書籍内では基本的に「X(Twitter)」のように、新名称と旧名称を併記して表記していますが、仕様変更によって今後名称が変わる可能性もありますので、あらかじめご了承ください。

以上の注意事項をご承諾いただいたうえで、本書をご利用願います。

はじめに

■ マーケティング系アカウントの「社会的権威No.1」

筆者が X（Twitter）でこの称号を獲得したのは、マーケターとして Twitter を始めて 3 年目のことです。当時、followerwonk という分析ツールがあり、マーケティング系アカウント数百件中首位のスコアを 1 度だけ獲得しました。

おかげで今では、X（Twitter）から絶えずたくさんの相談が届きます。

> 「フォロワーが何百人と増えるようなツイートを作ってみたい」
> 「自社サイトやブログに安定的にアクセスを集めたい」
> 「そもそもTwitterをビジネスでどう利用するのかを知りたい」

企業も個人も、うまく X（Twitter）を活用できていないと悩んでいるのです。というのも、近年の SNS の変化やトレンドの移り変わりの激しさに、多くの方が疲弊しています。

Twitter 社も「X 社」へと社名およびロゴを変更したり、アルゴリズムの変化など特にここ最近は動きが活発です。だからこそ、X（Twitter）をビジネス目的で活用したい方へ向けて、本書をまとめています。また、書籍内で繰り返し説明している X（Twitter）アルゴリズムの最新の評価について、一覧にまとめたものを巻末に用意しましたので、ご活用ください。

あらゆる環境の中で悩む、さまざまな業種の方々を、私は幾度となく成功へと導いてきました。

本書は、その経験と培ったノウハウを余すことなくお伝えしています。その内容を実践すれば、前述のような悩みは解決できるはずです。

筆者は就職して以来ずっと「マーケティング」を"生業"としています。

20 歳で地元のメーカーに就職し、技術開発・商品企画・販売促進を担当。

「どんな技術が求められ」　「どんな商品が求められ」
「どのようにPRすれば顧客に刺さるのか」

を常に考え、実行してきました。

　その後、28歳で独立。フリーランスの「マーケター」として1年ほど活動しました。その後は「マーケティング支援会社」として法人化し、1期目の売上は1億円を達成しました。そして、30歳になった現在も「マーケティング」が私の仕事です。

　そんな筆者の特徴は、仕事の大半をX（Twitter）経由で受けていることです。そうなった理由はシンプルで、筆者自身が「X（Twitter）集客」が得意だから。
　それゆえに、たった1年ほどで次のような経験をすることができました。

- 広告を使わず、有料ウェビナーに250名を集客（満席）
- 1万フォロワーで、1,000人をLINEオープンチャットへ集客
- 自社の公式LINEに、3,000名以上を集客
- ホームページやLPへ誘客し、常にお問い合わせを獲得
- 1ツイートで、100人以上のフォロワーを何度も獲得
- 1万いいねを超えるツイートを、何度も発信　　　など

　しかも、筆者だけでなく、筆者へ依頼したクライアントも、同様に成果を上げています。

　本書はこのような私の特徴や経験を活かし、「マーケターが、どのような思考でTwitterを活用し、集客に役立てているか」をまとめました。必ず、X（Twitter）集客に悩むあなたに役立つと確信しています。
　まずは、序章で「X(Twitter)集客」の本質を論じます。その後、Twitterをビジネス活用していくために「アカウント」「ツイート」「ファネル」等の設計方法(第1章〜第9章)を事例とともに解説します。最後に、実行

後の改善方法 (第 10 章～第 12 章) をまとめました。

　また、ビジネスを拡大するために理解しておくべき「Twitter 広告（X 広告）」については、ダウンロードコンテンツとしてご用意しています（ダウンロード方法については奥付ページを参照）。

　正直にお話しすると、X(Twitter) 運用に関する情報は、"無料" でたくさん公開されています。いわゆる「ビジネルインフルエンサー」と呼ばれる人々がコンテンツとして提供しているからです。

　しかし、本書がそれらと異なるのは「マーケティング」視点でビジネスにおける X(Twitter) の活用法を紹介していること。筆者自身、フォロワーが 4 万人となってインフルエンサーと言われることも増えました。それはそれで嬉しいことではあるのですが、筆者は決して、自分のことをそのようには思っていません。

　それは「インフルエンサー」を目指して Twitter 運用をしているわけではなく、「マーケター」としてビジネスに Twitter を活用していたらフォロワーが増えていた、というだけだからです。

　筆者はあくまで「マーケター」です。マーケティングが心から好きなのです。だからこそ、Twitter 集客マーケティングにおいて、詳しい一冊を完成させることができました。

　筆者の仕事である「マーケティング」を一言で伝えると「成功確率を高めること」です。

　つまり、成功の確率を高めるために、「ノウハウ ➡ 実践 ➡ レビュー」を繰り返せば、成果は必ず上がります。筆者は、Twitter 集客の "成功確率を高める" 選択肢を理論的に選んでいった結果、今にたどり着きました。

　本書は、そんな筆者が実践してきたことをすべて公開しています。しかも、成功したことだけをぎゅっとまとめて。だからあなたは、筆者と同じように実践するだけで、成功の確率をぐっと高めることができるのです。

　本書を読み終わったあなたが一歩踏み出すことを、何よりも楽しみにしています。

2023 年 8 月　著者

CONTENTS

序章　X（Twitter）集客とは何か？

第1章　X（Twitter）メディアマーケティングの設計図

第2章　集客のための2W1Hの言語化

第3章　フォローされるアカウント設計

第4章　拡散＆フォローされるツイートの作り方

第5章 X（Twitter）プロダクト マーケティングの設計図

第6章 販売のための2W1Hの言語化

第 **7** 章　売れるセールスファネルの設計

第 **8** 章　売れるアカウントの設計

第 **9** 章　売れるツイートの作り方

第**10**章 X（Twitter）集客の改善

第**11**章 集客できるツイートの改善

第**12**章 売れるセールスファネルの改善

序章

X（Twitter）集客
とは何か？

X（Twitter）集客を迷いなく実践していくには、まずその本質を理解する必要があります。どのような仕組みで集客が行われているかを理解せず運用することは、車の運転の仕方も知らないのに運転をしようとしているのと同じです。本章ではX（Twitter）集客を構成する「2つの集客方法」と「2つのマーケティング領域」、「2つの集客要素」について解説していきます。X（Twitter）集客の本質を理解し、成功に近づけていきましょう。

0-1

X（Twitter）を販売導線の
入り口として機能させる

◉ フォロワーを増やしても集客にはつながらない

　X（Twitter）集客の本質を解説します。迷いなく実践していくために理解を深め、自身に落とし込んでいきましょう。

　そもそも「**X（Twitter）集客**」とは何でしょうか。筆者は、次のように定義しています。

> 「X（Twitter）集客」とは、
> X（Twitter）を販売導線の入り口として機能させること

　「要するにフォロワーを増やせばいいってことでしょ？」という感想を持つかもしれません。しかし、答えは「否」です。その理由を理解してもらうために、筆者が過去に受けた相談について説明します。

■ SNSで影響力は大きいがマネタイズできないケース

　筆者がまだフォロワー1万人くらいだったころ。はるかに多いフォロワー数5万を超える「英語系アカウント」の人からDM（ダイレクトメール）をもらいました。「英会話教室の集客に困っています……」と。

　「5万フォロワーもいて、集客に悩むことがあるの？」と驚く人もいるでしょう。でも「SNSでの影響力はあるけれど、マネタイズできない（商品が売れない）」という悩みは、マーケティング業界では「よくある話」です。

　これからわかるのは「フォロワーが多い」だけでは商品（英会話教室）は売れないということです。つまり「X（Twitter）を販売導線の入り口として機能させること」ができていないため、X（Twitter）集客が成功しているとは言えません。

　なぜ「SNSでの影響力はあるけれど、マネタイズができない」ということが起こるのでしょうか。

　答えは、X（Twitter）におけるフォロワーは「あなた自身やあなたの発信する情報に興味があるユーザー」で、「あなたの商品やサービスを購入してくれるユーザー（見込み客）とは限らない」からです。

「SNSでの影響力はあるけれど、マネタイズができない」英語系アカウントの例

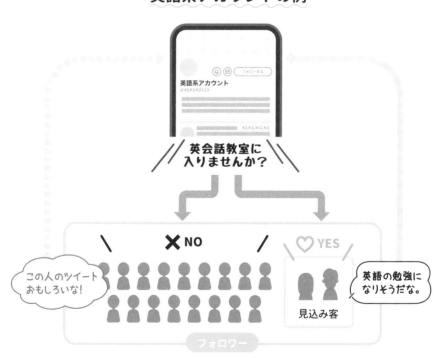

　相談者は、5万人のフォロワーは「英語」に興味があると思っていました。しかし、実情はフォロワーの多くが「外資系会社のあるある話がおもしろくてフォローをしていた」というものでした。

フォロワーは発信されるツイートの「ネタ」に興味を持っていて、「英語」への関心が高いわけではなかったわけです。そのため、お金をかけて英語を学びたいという人は多くありませんでした。

● SNSの影響力はあるのに、マネタイズができなかった事例

- フォロワー1万人の企業アカウントがイベントの集客を行ったが、来場者はまったくいなかった
- フォロワー3万人を超えるインフルエンサーが商品を販売したが、ぜんぜん売れなかった
- 企業アカウントが新商品ページを公開し案内したが、アクセスが集まらなかった

X（Twitter）を販売導線の入り口とするためには、大前提として売上につながる**「見込み客の獲得」**が必須ですが、「フォロワー＝見込み客」ではないということを覚えておいてください。

◉ X（Twitter）集客を成功させる5つの要素

X（Twitter）を販売導線の入り口として、機能させるために必要なことは何でしょうか。

それは、次の5つのエレメント（要素）です。

- 「インプレッション／エンゲージメント」を獲得すること
- 「フォロワー」を獲得すること
- 「ファン」を獲得すること
- 「見込み客」を獲得すること
- 「商品やサービス」を販売すること

X（Twitter）の「インプレッション」とは、ツイートが何回ユーザーに見られたかです。ブログやサイトのPV（ページビュー）に相当します。「エンゲージメント」はそのツイートに対してユーザーが「いいね」「リツイート」「引用ツイート」「フォロー」「返信」「クリック」などのリアクション

を起こすことです。「エンゲージメント数」はそれらの合計、「エンゲージメント率」はエンゲージメント数をインプレッション数で割った割合です。インプレッションやエンゲージメントは、X（Twitter）のツイートアナリティクスから確認できます。

「フォロワーを増やす＝X（Twitter）集客ではない」と言いましたが、「フォロワーを増やさなくてもいい」ということではありません。

X（Twitter）集客を成功させるには、フォロワーを増やすことも必要です。「フォロワーが増えると、あなたのファンやあなたの商品やサービスを購入してくれそうな見込み客も増える」ことは容易に想像できるでしょう。

この5つのエレメントは互いに影響を与えます。1つだけをがんばっていても、それは「点」を大きくしているだけです。他のエレメントに変化がないので、なかなか大きな成長には至りません。

一方で、5つのエレメント（点）を「線」でつなげるようにすべてを行っていけば、相乗効果で全体が大きくなり、利益はどんどん高まっていきます。これがX（Twitter）集客が成功している状態です。

それでは、5つのエレメントをどのように実行しTwitter集客を成功に導くのか、その構造を明らかにしながら理解を深めていきます。

X（Twitter）集客に必要な5つのエレメント

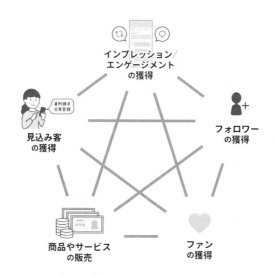

0-2

「2つの集客方法」を知る

◉ オーガニック集客とプロモーション集客

X（Twitter）の集客方法は、「**オーガニック集客**」と「**プロモーション集客**」の2つがあります。

● X (Twitter) の集客方法

	オーガニック集客	プロモーション集客
X (Twitter) での主な集客手段	・ツイート ・Space ・Twitter LIVE ・外部コンテンツ	・X広告（Twitter広告） ・インフルエンサーマーケティング（PR）
費用	無料	有料

多くの人が「オーガニック集客を普段から利用しています！」と言うと思いますし、「プロモーション集客もやったことがあります！」という人もいるでしょう。

しかし、この**2つの集客の「目的」を理解して、それぞれを使い分けて利用している人は、残念ながらほんのわずかしかいません**。実は、X（Twitter）集客につまずく人の9割以上は、ここに問題があります。

そもそも集客方法に種類があることを知らなかった人も、「集客に目的？」と疑問を持った人もいるはずです。その状況こそがX（Twitter）運用において、極めて非効率であると言わざるを得ません。

■ 目的に応じて手段を変える

例えば、ゴルフを想像してみてください。

目的に応じてゴルフクラブを選ぶ

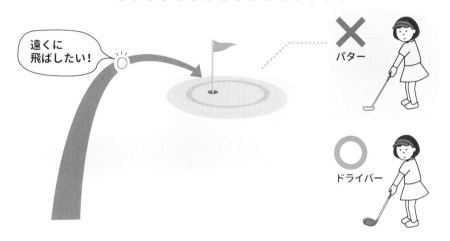

ボールを遠くまで飛ばしたいのに、パターを使う人はまずいません。あなたもドライバーを使いますよね。

ゴルフクラブには種類があって、それぞれ使うタイミング（目的）が違います。それを知らないでプロゴルファーにはなれません。プロゴルファーは、それぞれの特性を理解して場面場面で使い分けられるからこそプロなのです。

X（Twitter）集客もこれと同じです。オーガニック集客とプロモーション集客という集客の種類と目的を理解し、それらを使い分けられるようになってはじめて「プロの集客術を習得できた」と言えます。

筆者も、1週間で500万円の売上を伸ばしたり、連日100名以上の方々にフォローされる運用ができるようになったりしたのは、この2つの集客方法を使い分けることができるようになってからです。

つまり「2つの集客方法」とその目的を理解することが、X（Twitter）集客を成功させるには必須と言えるのです。

読者特典として、X（Twitter）のプロモーション集客である「X広告（Twitter広告）」の詳細については、別途PDFデータにて提供します。詳しくは320ページを参照してください。

0-3

「オーガニック集客」（無料）で 「利益率」を高める

◉ オーガニック集客の目的

オーガニック集客とは、「自然検索」から発生するアクセスのことです。 オーガニック集客は無料で行えます。

X（Twitter）では主に「**ツイート**」や「**Space**」、「**Twitter LIVE**」など からの流入がそれにあたります。

オーガニック集客を増やす目的は「利益率の向上」です。これを満たさ ないツイートには価値がないとはっきり言えます。

例えば、次のようなツイートを見たとき、あなたはどう思いますか？

ツイートの例

　特に特徴もないツイートは興味を持たれません。ましてや、その人が取り扱う商品を買いたいとは思わないでしょう。

　売上を立てるために「バズツイート」を投稿しようとがんばる人がいます。しかし、バズツイートは狙って出せるものではありません。広告（プロモーション集客）のほうが確実に早く人を集められます。

●「ブランド認知」と「ファン化」が重要

　オーガニック集客はあくまで「利益率の向上」が目的です。

　その目的を達成するためには「ブランド認知」や「ファン化」、「一次拡散」などを起こすツイート設計が必須です。

　ツイートを利用して普段からあなたの「ブランドを認知」させることができれば、実際に商品を販売するときにはすでにブランドを知っている人が多くいるため、広告費をかけなくても見込み客を集めやすくなります。

　加えて、土台があるうえで広告を使った場合は集客力が高まります。

「ブランド認知」のイメージ

また、オーガニック集客によって「ファン化」ができていれば、ファンは迷わず商品を購入してくれるうえ、拡散までしてくれます。ファンが広告塔になってくれるのです。

　しかも、このような第3者の口コミは新規の見込み客にリーチしやすいため、さらなる売上向上も見込めます。

「ファン化」のイメージ

　実際に筆者は、オーガニック集客だけで250席の有料ウェビナーを満席にした経験があります。

　その成功の要因こそ**フォロワー（ファン）による「拡散」**です。

　X（Twitter）集客に関するウェビナー（Webセミナー）を行った際、募集ツイートをRTやコメント付きの引用RTで、ファンが紹介してくれました。しかも、そのコメントは期待の声がほとんどでした。

募集ツイートをファンがRTしてくれた

　これを見た第3者はどう受け止めるでしょうか。X（Twitter）集客に悩んでいる人であれば「気になるな！」くらいは思って、申し込みページを見てくれたはずです。

　このように、実際には広告費はかけていませんが、ファンの拡散が「広告」となって参加者を集めてくれました。

◉ 多額の広告費が必要な化粧品販売でSNSを活用

　あるインフルエンサーが、オーガニック集客で成功した事例を紹介します。

　その**インフルエンサー**は、SNSで自身の**PB（プライベートブランド）**の化粧品をリリースしました。

　化粧品は「広告費が膨大にかかる商材」と言われています。販売にはテレビCMをたくさん打ったり、有名な女優をイメージキャラクターに採用したりといった施策が必要とされます。

　化粧品は、商品の魅力を訴求するだけでなく、ブランドイメージを伝えていく必要もあるので、とかく宣伝にお金がかかります。化粧品の販売価格を

内訳で見ると、商品原価と同じくらい広告費がかかっていると言われます。化粧品自体の研究開発に使われる費用は全体の数 % 程度なので、広告費の多さがよくわかりますよね。

　しかしこのインフルエンサーの場合、普段から SNS を使ってオーガニック集客を行っていたので、PB の化粧品販売では広告費をかけずに訴求が可能でした。そのため、浮いた広告費を化粧品の成分を高めることに利用できました。

化粧品の販売価格の内訳

　広告費の割合が高い化粧品販売で、オーガニック集客を武器に利益率を高めることができれば、コスト配分を再設計することも可能です。

　オーガニック集客は、コストをかけずに商品やサービスを売ることができるので、やらない手はありません。オーガニック集客の目的である「利益率の向上」につなぐための設計方法は、第 1 章〜第 4 章で詳しく解説します。

0-4

楽
0-4

「プロモーション集客」（有料）で売上を拡大する

● プロモーション集客は事業規模を成長させる有効な手段

　プロモーション集客とは「**広告**」などから発生するアクセスのことです。主に有料で行います。X（Twitter）では「**X広告（Twitter広告）**」や「**インフルエンサーマーケティング（PR）**」による流入がそれにあたります。**プロモーション集客の目的は「売上の拡大（事業成長）」**です。

　オーガニック集客で「ブランドの認知」や「ファンの獲得」ができたとしても、そもそもの売上が立っていなければ、利益率は上げられません。

　そのために、まずはプロモーション集客で売上の基盤を作ることが必要です。

■ ベースに一定の事業規模が必要

　例えば、X（Twitter）でフォロワー数10人の企業アカウントが、ツイート（オーガニック集客）をがんばって商品を販売しようとしたとき、すぐに売上が立つビジョンが想像できるでしょうか。

　売上の基盤がなければ、たとえ利益率が向上したとしてもその事業の成長は遅くなります。フォロワーの10人がファンになってくれて1%の利益率を向上できたとしても、その売上は知れていますよね。

　だからこそ、まずは売上に直結する集客（プロモーション集客）が必須なのです。

プロモーション集客とオーガニック集客のイメージ

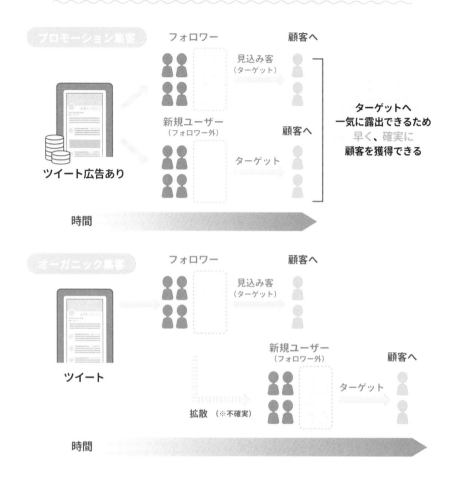

　実際に筆者も、新たな事業を始めて大きくローンチ（公開）したいとき
や安定的に売上を立てたいときは、必ず広告を使用します。最近は「有料
講座」や「有料コミュニティ」の集客に X 広告を利用しました。

　マーケティング関連の有料講座をローンチする際には、5 万〜 10 万円ほ
どの予算をかけて X 広告を出稿しました。その結果、100 万〜 200 万円の
利益を確保できています。

◉ 新規メンバー獲得にはX広告が有効

筆者は累計600名が参加するマーケティング関連の有料コミュニティも運営していますが、新規メンバーの誘客はX広告を使用しています。**オーガニック集客よりも確実に「新規ユーザー」へリーチできる**からです。

プロモーション集客は、キーワードなどを元に興味・関心が高いユーザーへツイートを露出できます。そのため、普段関わりのないユーザーへも届けることが可能なのです。

実際、毎回2万円ほどの予算で広告を出稿し、20名前後の新規メンバーを獲得できました。利益は3万〜5万円ほどですが、確実性があるので利用しています。

このように、**プロモーション集客は費用がかかる代わりに「早く」「確実」に成果が出ることがメリット**と言えます。

◉ 費用をかけて多くの人に
　商品・サービスの周知をはかる

プロモーション集客は「売上の拡大（事業成長）」に「スピード感」と「確実性」を与えられるので、中長期的に売上が拡大していき、市場の覇権を握ることができるのです。

X（Twitter）をビジネスに活用するなら、あなたがまずやるべき選択肢は、次の2つです。

> ❶プロモーション集客をする
> ❷プロモーション集客のノウハウで、オーガニック集客をする

可能であれば先に「❶プロモーション集客をする」で売上の基盤を作りたいところです。しかし、広告費がかけられない場合もあるでしょう。

そのような場合でも、最低限「❷プロモーション集客のノウハウで、オーガニック集客をする」ようにしてください。

読者特典として、X（Twitter）のプロモーション集客であるX広告（Twitter広告）の詳細については、別途PDFデータにて提供します。詳しくは320ページを参照してください。

0-5

「2つのマーケティング領域」を知る

● 「メディアマーケティング」と「プロダクトマーケティング」

　X（Twitter）集客には「**メディアマーケティング**」と「**プロダクトマーケティング**」の2つのマーケティング領域があります。

2つのマーケティング領域

「人や情報」に
興味を持たせる

「商品やサービス」に
興味を持たせる

X（Twitter）集客を成功させるには、これらを理解することが必須です。

なぜなら、この2つのマーケティング領域の掛け算こそ、俗にいう「**SNS マーケティング**」だからです。

● メディアマーケティングと　プロダクトマーケティングの役割

SNSマーケティングにおいては、**アカウントの発信する情報やアカウント自身に興味を持ってもらうこと**が必要です。これが**メディアマーケティング**の領域です。これによって、フォロワーを獲得したり、一次拡散力を持つことができますよね。

しかし、それだけではマネタイズにつながりません。売上につなげるには**商品・サービスに興味を持ってもらう**必要があります。これが**プロダクトマーケティング**の領域です。

■ 家電量販店の例

メディアマーケティングとプロダクトマーケティングの違いを、家電量販店のX（Twitter）アカウントで考えてみましょう。エアコンを売りたいときのツイート内容の例です。

● 「家電量販店」アカウントで、エアコンを売りたいときのツイート例

マーケティング領域	メディアマーケティング	プロダクトマーケティング
ツイートのテーマ	エアコンの豆知識	商品の紹介
ツイートの内容	・冷房と除湿、電気代が高いのはどっち？ ・コスパが良い風量設定は？ ・【メーカー別】エアコンを1日中使ったときの電気代比較！ <div align="right">など</div>	・新生活応援キャンペーン｜先着5名様10%OFF ・下取りキャンペーン｜3万円キャッシュバック ・先着10名様限定！赤札価格で提供 <div align="right">など</div>

「エアコンの豆知識」は主婦層にうれしい情報ですよね。フォロワーが増えそうです。しかし、それだけでは「今すぐエアコンを買い替えたい！」

という気持ちを高められません。自分に新しいエアコンが必要なことに気づいていないうえ、どんなエアコンがあるのかもわかっていないからです。

一方で、商品の紹介ばかりツイートされても、エアコンが欲しい人は見てくれるかもしれませんが、そうでない人は興味がないので見てもくれません。もちろんフォロワーにもなりませんよね。

加えて、今のエアコンから買い替える必要性を感じていないので、どれほどオファーをかけても商品の購入に至りません。

■ どちらか一方だけでは難しい

メディアマーケティングとプロダクトマーケティングのどちらか一方では「X（Twitter）を販売導線の入り口として機能させる」ことは困難です。

「メディアマーケティングで興味・関心を高め、プロダクトマーケティングで緊急性を伝えて購入意欲を高める」。

これができて、ようやく「X（Twitter）を販売導線の入り口として機能させる」ことができます。

2つのマーケティング領域を理解し掛け合わせることこそが、X（Twitter）マーケティング（SNSマーケティング）であり、X（Twitter）集客には必須であると言えます。

0-6

「情報や人」に
コンバージョン（CV）させる
「メディアマーケティング」

● フォロワーを獲得するためのマーケティング

「**メディアマーケティング**」とは、「情報や人」に興味を持ってもらうためのマーケティング領域です。

例えば、あなたがブログを運営しているなら、そのブログを**「どのように露出していくか」を設計すること**です。

X（Twitter）では「フォロワー（読者）を獲得する」ためのマーケティングがこれにあたります。

次の図は、X（Twitter）マーケティングのファネルの一例です。

X（Twitter）マーケティングファネル

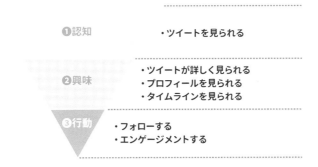

❶認知　・ツイートを見られる

❷興味　・ツイートが詳しく見られる
　　　　・プロフィールを見られる
　　　　・タイムラインを見られる

❸行動　・フォローする
　　　　・エンゲージメントする

29

X（Twitter）では❶ツイートを見て、❷興味を持ってもらえたら投稿者のプロフィールに飛び、❸さらにいいなと思われたらフォローされます。

つまり、これらのアクションを起こしてもらえるように「アカウント設計」や「ツイート設計」で考慮することが、X（Twitter）におけるメディアマーケティングと言えます。次の3つを設計していくのです。

❶どのように、ターゲットのタイムラインにツイートを表示させるか
❷どのように、ターゲットに興味を持たせるか
❸どのように、ターゲットにレスポンスさせるか

筆者はこの考え方をX（Twitter）運用に反映させることで、「バズツイート」を意図的に作り「フォロワーの獲得」に成功してきました。

ツイートの例

リック｜マーケティング塾 ✓ @rickbook_blog · 2022年11月9日 　···
あの家電メーカー「バルミューダ」の衝撃…。なんと今期最終利益が、たった200万円らしい。前年比99.8％減というヤバさ。というのも、製品を海外で作って、日本で売るってモデルだから、円安のダメージが大きすぎた。それにしても円安…マジで笑い事じゃなさすぎるぞ。こういう話は知られるべき。

💬 257　🔁 8,788　♡ 3.2万　📊　📤

「インプレッション」447万、「いいね」3万2,302、「リプライ」257件、「RT（リツイート）」8,788、「ブックマーク」948を獲得したこのツイートは、実はバズを意図して設計しました。

具体的には、次の3つを設計していくのです。

A キーワード　　B トレンド　　C 知識（注意喚起）

■ キーワードを盛り込む

まず、ターゲットのタイムラインにツイートを表示させるために、「A キーワード」をツイートに含めました。

　具体的には「メーカー」「利益」「製品」「海外」「円安」などです。筆者のターゲットである「ビジネス意識の高い社会人アカウント」が興味を持つワードをツイートに入れたのです。

ターゲット層が興味を引くキーワードを入れる

> **リック｜マーケティング塾** ✔ @rickbook_blog · 2022年11月9日　　⋯
> あの家電メーカー「バルミューダ」の衝撃…。なんと今期最終利益が、たった200万円らしい。前年比99.8%減というヤバさ。というのも、製品を海外で作って、日本で売るってモデルだから、円安のダメージが大きすぎた。それにしても円安…マジで笑い事じゃなさすぎるぞ。こういう話は知られるべき。
>
> 💬 257　　🔁 8,788　　♡ 3.2万　　📊　　⬆

　あるユーザーが何に興味を持っているかはX（Twitter）のアルゴリズムが判断するのですが、その判断にはいくつか基準があります。
　次はその一例です。

● **ユーザーが何に興味を持っているかの判断基準**

- ユーザーが投稿したツイートに含まれるキーワードから、興味のある内容を判断
- ユーザーがエンゲージメントしたツイートに含まれるキーワードから、興味のある内容を判断

　このような基準に沿って「ユーザーが興味を持っているであろう」と判断されたツイートが、タイムラインに表示されています。
　これを利用して、自分のツイートに判断基準を満たすような要素を詰め込んで投稿することがポイントです。ターゲットユーザーが「興味を持っている」とアルゴリズムが判断するであろうキーワードを自身のツイートに入れておくことで、ターゲットのタイムラインに表示されやすくするということです。
　これはターゲット（新規ユーザー）にリーチするために、最低限行うべきことです。

■ トレンドを盛り込む

次に、ターゲットの興味を引くために「B トレンド」を設計に盛り込みました。

このツイートは 2022 年 11 月に投稿したのですが、この頃は連日「円安」が報じられ社会のトレンドとなっていました。

トレンドを盛り込む

リック｜マーケティング塾 ✓ @rickbook_blog · 2022年11月9日 ···
あの家電メーカー「バルミューダ」の衝撃…。なんと今期最終利益が、たった200万円らしい。前年比99.8％減というヤバさ。というのも、製品を海外で作って、日本で売るってモデルだから、円安のダメージが大きすぎた。それにしても円安…マジで笑い事じゃなさすぎるぞ。こういう話は知られるべき。

💬 257 　🔁 8,788 　♡ 3.2万 　📊 　↥

高確率で筆者のターゲットは興味を持つと判断しました。

加えて「ビジネス意識の高い社会人」が一度は憧れる「バルミューダ」を題材にした実例だったので、さらに目が留まったことでしょう。

■ 知識を提供する

最後に、ターゲットにレスポンスさせるために「C 知識（注意喚起）」を提供する設計としました。

具体的には、バルミューダを例にして、円安の脅威に関する「知識」を得られるようになっています。

注意喚起と対策する知識を加える

リック｜マーケティング塾 ✓ @rickbook_blog · 2022年11月9日 ···
あの家電メーカー「バルミューダ」の衝撃…。なんと今期最終利益が、たった200万円らしい。前年比99.8％減というヤバさ。というのも、製品を海外で作って、日本で売るってモデルだから、円安のダメージが大きすぎた。それにしても円安…マジで笑い事じゃなさすぎるぞ。こういう話は知られるべき。

💬 257 　🔁 8,788 　♡ 3.2万 　📊 　↥

　X社が公表している「#拡散の科学」（https://marketing.twitter.com/content/dam/marketing-twitter/apac/ja/insights/kakusan/kakusan.pdf）という資料に、「人が拡散したくなる気持ち」を分析したデータがあります。

　そのデータでは、「知識」を与える投稿は拡散しやすい要素の1つとされています。中でも「知って得をした」と感じるような**有用性を感じるツイート**や、知っていたらリスク回避できるかもという**「注意喚起」のツイートは、特にバズを起こしやすい**という結果が出ています。今回は、その後者に当てはめて設計しました。

　このように設計することで、バズツイートは意図的に作れます。

● 目的に向けてどのように露出するかを設計

　X（Twitter）メディアマーケティングは、ターゲットにあなたが発信する情報に興味を持たせ、最終的にあなたのアカウントへ関心を抱いてもらうために、「どのように露出していけばいいか」を設計することです。

　いくら良い商品をオファーしても、あなたやあなたの情報が認知されなければ成果につながりませんよね。「人や情報」にコンバージョン（CV）させることがなぜ必要なのか、メディアマーケティングの意義をしっかり理解しておきましょう。

0-7

「商品・サービス」に
コンバージョン（CV）させる
「プロダクトマーケティング」

● 見込み客〜顧客を獲得するマーケティング

「**プロダクトマーケティング**」は、「商品・サービス」に興味を持ってもらうためのマーケティング領域です。

考え方はシンプルで、「どのように購入につなげるか」を設計します。

X（Twitter）では「見込み客〜顧客を獲得する」ためのマーケティングがこれにあたります。

■ 販売導線を設計する「セールスファネル」

プロダクトマーケティングでは「**セールスファネル**」が必須です。セールスファネルは、X（Twitter）で集客した見込み客をどのような流れで商品やサービスにコンバージョン（CV）させるかという「販売導線」を設計するものです。

いくら見込み客を集めても「商品を販売する場所（Web ページ）」がなければ、1 円にもなりませんよね。購入につなげる方法が決まっていなければ集客した意味がなくなるのです。

価格によって検討期間が変わる

「セールスファネル」は商材の種類によって「最適化」させることが必要ですが、その際にまず反映すべきは商材の「検討期間」です。

数千〜1万円ほどの「日用品」を例に考えます。例えば、メガネや簡易的な棚などを想像してください。商品の購入を決めるまでの検討期間はそれほど長くなく、衝動買いも起こり得ます。

このような検討期間が短い商品は、複雑なセールスファネルを設計する必要はありません。次のようなシンプルなセールスファネルで良いでしょう。

検討期間が短い商品の「セールスファネル」の例

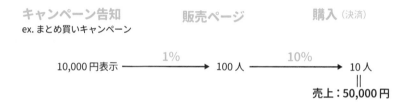

日用品（5,000円）の販売

キャンペーン告知
ex. まとめ買いキャンペーン

販売ページ

購入（決済）

1%

10%

10,000円表示 ⟶ 100人 ⟶ 10人
＝
売上：50,000円

高価格商品は検討期間が長い

一方で、数万〜数十万円するような商品やサービスならどうでしょう。例えば、高級家具やパソコン、高額なコンサルやサブスクなどです。

これらは購入するまでにさまざまな情報収集を行い、悩んでから決めることがほとんどで、即決ということは少ないはずです。

購入や成約までの検討期間が長い商材は、見込み客を教育して購入率（成約率）を高める必要があります。そのため、必然的にセールスファネルを深く設計しなければなりません。

筆者は、数万〜数十万円のマーケティングコンサルの仕事を X（Twitter）経由で受けていますが、常時募集していません。次のようなファネルを組んでローンチをするようにしています。

検討期間が長い商品の「セールスファネル」の例

コンサル（100 万円）の販売

リードマグネット
オファー
ex. 無料プレゼント企画

公式 LINE への
登録
（リマインド配信）

ウェビナー開催

コンサルの販売

600 人 ——20%—→ 120 人 ——30%—→ 36 人
||
売上：3,600 万円

　このように、商材によってセールスファネルは異なります。いかに商品やサービスに興味を持ってもらい、CV までつなげるかが重要です。

　それには「売れる商品」と「売れるセールスファネル」の設計ポイントがあるので、第 7 章で解説します。

　X（Twitter）におけるプロダクトマーケティングは、ユーザーの離脱率をできるだけ低くし、いかに成約率の高いセールスファネルを、商材に合わせて設計するかが基本です。

　いくらフォロワーを増やしても、セールスファネルがなければ購入にたどり着きません。「商品やサービス」にコンバージョン（CV）させるにはプロダクトマーケティングが必須であることを覚えておいてください。

0-8

「2つの集客要素」を知る

◉ 集客を促進するために大切な2つの要素

ここまで解説した「2つの集客方法」と「2つのマーケティング領域」は、X（Twitter）集客を構成する構造部、車で言えばボディやエンジンなどの「車体」にあたります。

車は、車体だけでは金属のかたまり。ガソリンが入っていないと動かないし、エンジンを始動してギアをつなぐことで走行することができます。

この「ガソリンやギア」の役割をするのが「**クリエイティブ**」と「**レコメンド**」の2つの集客要素です。

❶クリエイティブ
❷レコメンド

X（Twitter）集客ではこの2つを満足させない限り、集客もマーケティングも有効に稼働しません。車によってハイオクを選んだり、路面に合わせてギアを切り替えるように、ターゲットに合わせて「2つの集客要素」を高めていくことが重要です。

次ページの A、B 2つの画像を見てください。書店でこの2つの書籍が並んでいました。あなたはどちらを購入するでしょうか。

書籍の比較

A

B

　AとBを比べたら、多くの人がBを購入するはずです。

　どれだけ本の内容が良くても「❶クリエイティブ」で満足させられなければ、興味を持ってもらうことすらできず、見込み客は離れてしまいます。もちろん、購入には至りません。

　また、ターゲットがこの書籍を認識する機会がなければ、手に取ることもありません。書店で平積みされていれば気づきやすくなりますし、「副業を始めたいサラリーマンにお勧め！」のような紹介POPが添えられていれば手に取る確率も高まるでしょう。これが「❷レコメンド」です。見込み客に気づいてもらうためにレコメンドは必須と言えます。

　このように「❶クリエイティブ」と「❷レコメンド」は集客を機能させるための必須要素です。ターゲットにうまく合致すれば、集客もマーケティングも加速することができるため、しっかりと理解しておく必要があります。

0-9

クリエイティブ

◉ フォローにつなげる2W1H

「**クリエイティブ**」とは、集客時に必要な制作物のことで、次のものが該当します。これは最大の集客レバーと言え、集客において非常に重要な要素です。

● クリエイティブの具体例

- Web広告におけるバナー
- YouTubeのサムネイル
- Instagramの投稿画像……など

■ X（Twitter）でのクリエイティブ

X（Twitter）におけるクリエイティブは「**ツイート**」です。

ツイートに添付するメディアはもちろんですが、ツイートの本文も、URL記載時に表示される記事のアイキャッチも、ツイート内にあるものはすべてクリエイティブになります。

■ クリエイティブ設計で重要な2W1H

　クリエイティブを設計するにあたり、言語化する必要があるのが「**2W1H**」です。ツイート（クリエイティブ）を「Who（誰に）」「What（何を）」「How（どのように）」伝えるかを明確に言葉にします。

「2W1H」

Who	誰に	
What	何を	届けるかを言語化する
How	どのように	

　これを曖昧にすると、集客を機能させるクリエイティブを作ることができません。
　逆に、クリエイティブを改善すれば、「今まで売れなかった商品が売れた」、「問い合わせが増えた」ということが簡単に起こり得ます。

■ クリエイティブの2W1Hを見直して改善した例

　実際に筆者もクリエイティブ（ツイート）を見直したところ、集客が大きく改善した経験があります。筆者が１万フォロワーを達成するのにかかった期間は約14ヶ月でした。その後クリエイティブを改善したら、わずか６ヶ月で２万フォロワーを達成しました。
　筆者は元々「マーケティング知識」を発信するアカウントとしてX（Twitter）を始めました。今考えるととても曖昧な設計だったと反省しています。「2W1H」の設計がぼんやりしていたため、クリエイティブで集客を加速できていなかったからです。

そこで、次のように 2W1H を明確に設計し直しました。それにより現在のような、影響力のあるアカウントへ成長できました。

修正した2W1H

 Who ビジネス意識の高い社会人
（部下や同僚と話す機会が多い人）

 What 職場でのビジネストークネタ

 How マーケティング知識を
問題形式で投稿

再設計後のクリエイティブの例

クリエイティブの見直しポイント

　X（Twitter）はビジネスリテラシーが高いビジネスパーソンが非常に多く利用しています。これを踏まえ「Who（誰に）」は「**ビジネス意識が高い社会人**」と言語化しました。

　次に「What（何を）」届けるのかです。メインターゲットのビジネスユーザーは部下や同僚と話す機会が多く、その際に「話せるネタが欲しい」という需要があると考えて「**トークネタ**」を提供することにしました。

　最後に「How（どのように）」です。実はここが一番曖昧になりがちです。筆者も以前は「**マーケティング知識**」を投稿することで届けると言語化していました。しかし、それではなかなかフォローにつながりませんでした。

　そこで、ターゲットが職場で部下と話をしている状況を想定しました。

　上司が部下に話を振る際、「これ、どう思う？」「これどっちが正しいと思う？」とクイズ形式で話しかけられることが多くないでしょうか。これを言語化して「**問題形式**」で提供することにしました。

　このように、ターゲットの使い方に合わせて設計したことで、読者が「今日、部下に話そう」と想像しやすくなります。

　つまり、読者に「使える」ツイートと受け止められやすい手段（How）を選択できたため、投稿を見逃したくない気持ちを高めてフォロー増につながりました。

　よくある勘違いですが「問題形式にすれば、答え合わせしたくなるから、インプレッションやエンゲージメントが増える」という意見があります。

　確かにそれは事実ですが、フォローには直結しません。「クリエイティブ（2W1H）」がターゲットに合致するからこそ、フォローにつながるのだと理解してください。

　クリエイティブは集客を機能させるための重要な要素です。具体的な設計方法は第1章以降で解説しますので、ぜひ実践してください。

0-10

レコメンド

◉ トピック・トレンドを意識する

「**レコメンド**」とは「おすすめ表示」のことです。X（Twitter）のアルゴリズムによっておすすめ表示される人（アカウント）やツイートなどが決まります。

● レコメンド例

- Googleで「脱毛」について検索したら、YouTube広告で「脱毛」に関するPRがやたら多くなった
- YouTubeで「メイク」に関する動画を見たら、「化粧品」に関する関連動画が表示されるようになった

上記例はGoogleのサービスですが、ユーザーの検索に対してGoogleのアルゴリズムが興味・関心を学習し、それに沿って広告や動画が表示されます。

レコメンドのイメージ

検索すると…

関連の広告が流れる！

　X（Twitter）にもそれに近いアルゴリズムが組まれています。次のような要素から興味・関心の高い事柄やジャンルなどを総合的に評価し、タイムラインにレコメンド（おすすめ）が表示されます。

● X（Twitter）のアルゴリズム

- ユーザーのプロフィールやツイートに含まれるキーワード
- エンゲージメントしたツイートの内容（キーワード）
- フォローしているアカウントのジャンルやキーワード

　X（Twitter）集客においてレコメンドを機能させるためには、この仕組みを逆算してツイートを設計します。
　つまり、**ターゲットの興味・関心が高いであろうキーワードをプロフィールやツイートに盛り込むことで、ターゲットのタイムラインにあなたのアカウントやツイートがおすすめ表示される確率を高める**ということです。
　レコメンド（おすすめ表示）をコントロールすることで、ターゲットにリーチしやすくなるため、集客を加速させることができます。その要素には「キーワード」や「アカウント」、「セグメント」などがありますので、詳しくは第 1 章以降で解説していきます。

0-11

序章のまとめと
本書の構成

● 集客成功のために大切なこと

　本章では、X（Twitter）を販売導線の入り口として機能させ、「X（Twitter）集客」を成功させるために重要な要素について解説してきました。

　X（Twitter）で集客するには、オーガニック集客とプロモーション集客の2つの集客方法を組み合わせて、メディアマーケティングとプロダクトマーケティングの2つのマーケティング領域へアプローチし、クリエイティブ（ツイート）とレコメンド（おすすめ表示）という2つの集客要素によって機能させるが重要です。

X（Twitter）集客と5つのエレメントの関係

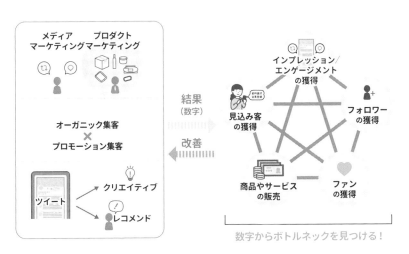

これらを設計していくことで、5 つのエレメントが線でつながり、利益を拡大していくことができるようになります。

この 5 つのエレメントは結果が「数字」として現れるので、ボトルネックがどこにあるかを分析するのに役立ちます。

その数字から、「2 つのマーケティング領域」「2 つの集客方法」「2 つの集客要素」のどこを改善すべきかを見極め、対策を繰り返し行っていくことが、X（Twitter）集客の成功率を高める唯一の方法です。

◉ 本書の読み進め方（オーバービュー）

ここまで X（Twitter）集客の本質について具体的に解説してきました。次の第 1 章からは、X（Twitter）集客を成功させるためにどのように設計していくべきか、実践的な内容に移っていきます。本書を読んだ後に実際しやすくなるよう、メディアマーケティングとプロダクトマーケティングの 2 つの領域に分けて詳しく解説します。

● 2つのマーケティング領域

- メディアマーケティング（フォロワーやインプレッションの獲得）
- プロダクトマーケティング（見込み客の獲得）

第 1 章から第 4 章までは、メディアマーケティング視点の解説です。フォロワーやインプレッションを獲得することを目的に、アカウントやツイートを設計する方法を具体的にお伝えします。

第 5 章から第 9 章までは、プロダクトマーケティング視点の解説です。見込み客の獲得を目指したアカウントやツイート、セールスファネルの設計についてお伝えします。

第 10 章から第 12 章は、アカウントやツイートの改善方法について、アナリティクスデータの数値を元に解説していきます。

X（Twitter）メディアマーケティングの設計図

メディアマーケティングとは「人や情報」に興味を持たせるマーケティング領域で、X（Twitter）においては「フォロワー（読者）を獲得する」ためのマーケティングが概ねこれにあたります。本章では、X（Twitter）メディアマーケティングの具体的な設計方法に入る前に、まず「フォロワーが増える『メカニズム』」を明らかにしていきます。これを理解して、設計に活かしていきましょう。

ターゲットはなぜ
「フォロー」するのか

● ユーザーがフォローに至る過程

多くの人は「**フォロワーが増えるのは、自分自身や自分が発信する情報に興味を持ってくれたからだ**」と考えています。

もちろん結果的にはその通りで、間違ってはいません。しかし、ユーザーがフォローに至った経緯の中には、次の図のような「疑問」がいくつも隠れていることに気づいているでしょうか。

認知〜フォローに対する疑問

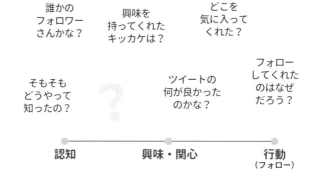

誰かの
フォロワー
さんかな？

興味を
持ってくれた
キッカケは？

どこを
気に入って
くれた？

そもそも
どうやって
知ったの？

ツイートの
何が良かった
のかな？

フォロー
してくれた
のはなぜ
だろう？

認知　　　　　興味・関心　　　　行動
（フォロー）

48

これらの疑問の答えを探ることが、フォロワーを増やす鍵になります。そのためには**フォロワーが増える「メカニズム」**を理解することが必要です。これがアカウント設計やツイート設計の道しるべとなってくれます。

フォロワーが増えるメカニズムについては次節で解説します。

◉ 2W1Hが曖昧では集客できない

X（Twitter）集客では「Who（誰に）」「What（何を）」「How（どのように）」を明確にする**「2W1H の言語化」**作業を行います。序章でも解説しましたが、2W1H が曖昧だとアカウントやツイート（クリエイティブ）をどれだけがんばって設計しても X（Twitter）集客は正しく機能しません。

例えば、ある日上司から次のように言われたら、あなたはどう感じるでしょうか。

> 「教育系の Web メディア」を立ち上げるから、
> コンテンツを作っておいて。

「突然そんなことを言われても、どんなコンテンツを作ればいいの？」と疑問しか出てこないと思います。

なぜなら「教育系の Web メディア」の 2W1H が非常に曖昧だからです。

一口に「教育系の Web メディア」と言っても、「幼児向け」か「学生向け」か「社会人向け」かなどで大きくカテゴリーが変わります。

「社会人のリスキリング」が目的だと仮定しても、「マーケティング」を教えるのか、「デザインスキル」を教えるのか、「プログラミング」を教えるのかで大きく内容は異なります。

さらに「動画」で伝えるのか「テキスト」で伝えるのかでも、サイト設計やコンテンツの作り方は変わってきますよね。

このように、2W1H が決まらないことには、コンテンツ（クリエイティブ）を作り始めることはできません。

教育系Webメディアの2W1H

X（Twitter）はあなたを PR するためのメディアです。「2W1H の言語化」ができていなければ、アカウントやツイートの設計はできません。

「ターゲットさえ決まればツイート作りはできるのでは？」と考える人がいるかもしれません。現状そのような形で運用する人もいるでしょう。

しかし決まっているのが「Who（誰に）」だけでは、発信内容にブレが生じて読者が混乱します。それが原因で X（Twitter）集客がうまくいかない事例を筆者はたくさん見てきました。

2W1H をしっかりと言語化したうえで、「アカウントの設計」や「ツイート作り」に進んでいきましょう。

1-2

フォロワーが増える
メカニズムを知る

◉ フォロワー数と拡散力

X（Twitter）集客は「X（Twitter）を販売導線の入り口として機能させること」と定義しました。

序章では「フォロワー＝見込み客ではない」と説明したので、「販売目的ならフォロワーはいらないのでは？」と考える人もいるかもしれません。

■ フォロワーの数が権威性と拡散力を生む

しかし、筆者は**X（Twitter）集客にはフォロワーは必要**だと断言します。

なぜなら、フォロワーが多いほど「権威性」と「一次拡散力」を得られ、見込み客の獲得につながるからです。

単に「3万フォロワーを目指してください」ということではありません。ビジネス規模にもよりますが、ある程度のフォロワーが集まればX（Twitter）を販売導線の入り口として機能させられます。

筆者のあるクライアントは、300人ほどのフォロワーで顧客を獲得し、約50万円の売上をあげました。これはマーケティングがしっかりとできている前提での話です。例えばフォロワー数10人では、ビジネスとして成り立たせ継続させるのが難しいことは明白でしょう。

■「権威性」は利用者からの信用を得る要素

権威性や一次拡散力が見込み客の獲得に寄与するのはなぜでしょうか。

「権威性」は、メディアにおいて利用者からの信用を得るための重要な要素です。

　例えば、テレビの野球ニュースなら元プロ野球選手が解説者として登場します。地震のニュースなら地震研究をする大学教授が説明します。

　これらはその人々に権威性があるからです。その道のプロが解説すれば視聴者は信用しますよね。

　また、肩書きでなくても権威性は獲得できます。

　「20kgのダイエットに成功したインフルエンサー」と「何度もダイエットに失敗をしているフォロワー20人の人」。2人が同じトレーニンググッズを販売したら、インフルエンサーから購入する人が多いでしょう。

トレーニンググッズ販売のイメージ

　インフルエンサーはダイエットに成功してエクササイズに関する権威を獲得しているので、ユーザーは「効果があるだろう」と信用するからです。実際購入するかは他の要素も影響しますが、あなたがインフルエンサーのフォロワーでダイエットをしたいなら、見込み客にはなっているはずです。

一方、後者は「本当に効果あるのか」と手が出ないでしょう。

このように「権威性（信用）」は、見込み客になるかどうか、ひいては購入の可否に影響を与えます。

■ フォロワー数の一時拡散力

「**一次拡散力**」とは、投稿したツイートにエンゲージメントがつき、**インプレッションを獲得することで新規ユーザーのリーチにつながること**です。

確率が一定なら、フォロワーが多いほどツイートのインプレッション数が（フォロワーが少ない人に比べ）多くなります。

さらにインプレッションが増えれば、フォロワー以外の新たなユーザーにもツイートが届く機会が増えます。それにより常時新規ユーザーにツイートを見てもらえる状態を作れます。

これが「一次拡散力」を得られた状態です。

「一次拡散力」のイメージ

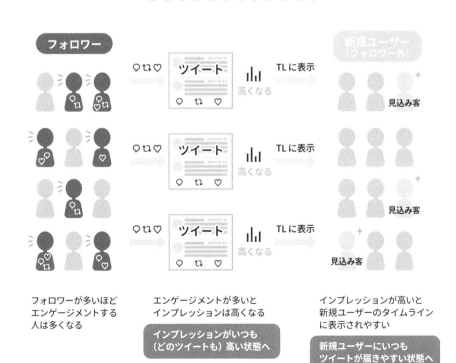

フォロワーが多いほど
エンゲージメントする
人は多くなる

エンゲージメントが多いと
インプレッションは高くなる

> インプレッションがいつも
> （どのツイートも）高い状態へ

インプレッションが高いと
新規ユーザーのタイムライン
に表示されやすい

> 新規ユーザーにいつも
> ツイートが届きやすい状態へ

新規ユーザーの中には、あなたの商品・サービスの「見込み客」になり得る人もいるので、新規ユーザーにツイートが届く数が増えるほど見込み客数も増えます。見込み客が増えれば販売数増も期待できます。

　このように、一次拡散力は見込み客数や購入数の増加に影響します。

　筆者がコンスタントに X（Twitter）経由で仕事を得られるようになったのは、フォロワーが 3,000 人を超えてからです。X（Twitter）で継続的にビジネスを行うには、一定規模のフォロワーを得るのが必須と言えます。

● フォロワーを増やすには

　フォロワーの獲得には、次の **X（Twitter）メディアマーケティングのファネル**が役に立ちます。このファネルは、X（Twitter）上でアクションをされるまでのユーザーの行動を表しています。X（Twitter）では「❶認知」（ツイートを見る）、「❷興味」（興味を持ってもらえたらプロフィールに遷移）、「❸行動」（いいなと思ってもらえたらフォローされる）の流れでフォローされます。

X（Twitter）メディアマーケティングのファネル

❶認知　　　・ツイートを見られる

❷興味　　　・ツイートが詳しく見られる
　　　　　　・プロフィールを見られる
　　　　　　・タイムラインを見られる

❸行動　　　・フォローする
　　　　　　・エンゲージメントする

　序章でも説明しましたが、ターゲットにこの行動を起こさせるには、次の 3 点を考慮してアカウントやツイートの設計をすることが重要です。

● アカウントやツイート設計の注意点

❶どのように、ターゲットのタイムラインにツイートを表示させるか

❷どのように、ターゲットに興味を持たせるか

❸どのように、ターゲットにレスポンス（フォロー）させるか

　この3点を具体的に設計に盛り込んでいくためには、まず、それぞれ理解すべき仕組みや心理があります。

X（Twitter）ファネルと設計（関連する仕組みと心理）

X（Twitter）でのユーザーの行動	ユーザーに行動してもらうために必要な設計	
	設計意図	関連する仕組みと心理 （設計の道しるべ）
❶認知 ・ツイートを見られる	❶どのように、ターゲットの タイムラインにツイートを 表示させるか？	インプレッション の獲得方法
❷興味 ・ツイートが詳しく見られる ・プロフィールを見られる ・タイムラインを見られる	❷どのように、ターゲットに 興味を持たせるか？	プロフィールや タイムラインへの 誘導方法
❸行動 ・フォローする ・エンゲージメントする	❸どのように、ターゲットに レスポンス（フォロー） させるか？	フォローボタンを 押す心理

　上図の「関連する仕組みと心理」を理解することで、アカウントやツイート設計の道しるべとなりますので、本章を飛ばさず読むことをお勧めします。また、設計時に迷いが生じた場合は、本章に戻って考えるとスムーズです。

1-3

ターゲットのタイムラインにツイートを載せる仕組み

● 自分のツイートを他者に気づいてもらう

　X（Twitter）であなたのツイートがターゲットユーザーにリーチするためには、ターゲットのタイムライン上で、あなたのツイートが「認知（発見）」される必要があります。

　ブログ記事や商品のLP（ランディングページ）で考えてみます。これらのページを作っても、見込み客にページの存在に気づいてもらえなければコンバージョン（購入）はしません。

ブログ記事にアクセスされるためには

ブログ記事に
たどり着かなければ
誰にも記事は読まれない…

「SEO対策」が重要！

検索サイトで上位に表示されると
ブログ記事に気づいてもらえ、
記事を読まれる可能性が高まる

Google などの検索サイトで検索上位に表示させる「**SEO 対策**」が重要と言われるのはこのためです。キーワード選定やサイト設計などのノウハウ（SEO 対策）で Google 検索の上のほうにページを表示して、ユーザーに気づいてもらう確率を高める必要があるということです。

X（Twitter）も同じです。インプレッションを獲得するためのノウハウで、ツイートをターゲットのタイムラインに表示させることが必要です。

その主なノウハウが、次の 6 つです。

● **ツイートをターゲットのタイムラインに表示させるノウハウ**

❶「キーワード」を入れる
❷「トレンド（最新情報）」を取り入れる
❸「メディア」を添付する
❹「スレッド」を使って長文ツイートにする
❺「X Premium（Twitter Blue）」に加入する
❻「インフルエンサーのエンゲージメント」を獲得する

インプレッションを獲得する方法で「エンゲージメントを獲得する」ことも必要ですが、これは「エンゲージメントを獲得できた結果、インプレッションも獲得できた」という副次的な効果を狙ったものです。そのためここでは除外しています。

なおフォロワーを増やすためには、ツイートに興味を持ってもらって「エンゲージメントを獲得する」こと自体は必要です。「エンゲージメントの獲得」については次節で解説します。

❶「キーワード」を入れる

序章でも触れましたが、意図的にバズツイートを作ったり新規ユーザーにレコメンドしたりするためには、ツイート内のキーワードが重要です。

それは、**X（Twitter）のタイムラインに表示されるのに影響を与える主因子が「ツイート」「ユーザー」「エンゲージメント」の 3 つ**だからです。

ツイートの内容や、誰がそのツイートを発信しているか、どのようなユ

ーザーがそのツイートにエンゲージメントしているかなど、3つの因子を
もとにX（Twitter）アルゴリズムが興味・関心の高い事柄を判断し、タイ
ムラインにツイートを表示します。

中でも**キーワードはツイートと深く関係**しています。

タイムラインへの表示に影響する主な因子

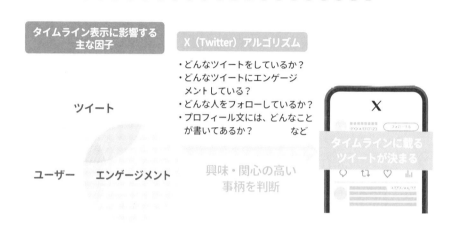

タイムラインを形成するツイートの内訳

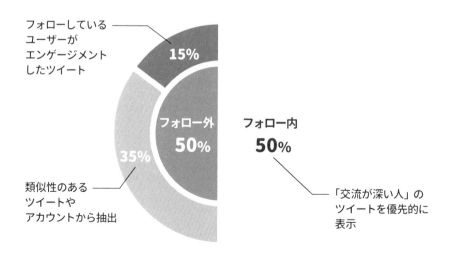

出典：「Twitter's Recommendation Algorithm」(https://blog.twitter.com/engineering/en_us/
topics/open-source/2023/twitter-recommendation-algorithm)

前ページの円グラフは「タイムラインを形成するツイートの内訳」(2023年8月現在)です。

これによると、タイムラインに表示されているツイートのうち50%がフォローしている人(フォロー内)のツイート、残り50%がフォローしていない人(フォロー外)のツイートとなっています。

フォロー内のツイートのうち、どれが表示されるかは「交流が深い人」のツイートが優先的に表示される仕組みです。「交流が深い人」は「いいね」やリプライなどのエンゲージメントによって決まります。

簡単に言うと「**あなたがよくエンゲージメントするアカウントのツイートが、表示される確率が高い**」ということです。

次に、フォロー外のツイートの3割(全体の15%)は「あなたがフォローしているユーザーがエンゲージメントしたツイート」が表示されています。残りの7割(全体の35%)は、あなたと「類似性」があるツイートやアカウント(コミュニティ群)から抽出されます。「類似性」とは「同じ事柄に興味・関心を持っている」と理解してください。

つまり、あなたのツイートやアカウントから、興味・関心があるとX(Twitter)アリゴリズムが判断した事柄について発信しているツイートが表示される、ということです。序章で解説したレコメンドの仕組みですね。

■ フォロー外のユーザーへの露出を増やす

新規フォロワーを獲得するためには、いかにフォロー外(50%)ユーザーのタイムラインにツイートを載せるかが重要です。特に、類似性のある投稿(全体の35%)と判断されてタイムラインに載せられれば、同じコミュニティ群の新規ユーザーにリーチできます。

そこで重要なのが「**キーワード**」です。なぜなら、ユーザーが興味・関心がある事柄をアルゴリズムが判断する材料の1つだからです。

ツイートのキーワードでユーザー属性を判断

あなたが「ビジネス」「起業」「スタートアップ」「通勤」「転職」などのキーワードを含むツイートにたくさんエンゲージメントしていたり、自身が普段からこれらのキーワードを含むツイートをしていたら、アルゴリズムはあなたを「ビジネスマン」と判断します。

結果、タイムライン上にはビジネスマンが興味・関心を持ちそうなツイ

ートが表示されるようになります。

類似性のあるツイートの表示（ビジネスマンの例）

■ キーワードの選定方法

　具体的にどのようなキーワードを入れることが有効なのでしょうか。キーワードの選定方法を 3 つ紹介します。

● キーワード選定方法

❶ X（Twitter）の検索欄で「サジェストキーワード」をチェック
❷ X広告（Twitter広告）で「関連ワード」をチェック
❸ Social Dog の「キーワードモニター」でチェック

　それぞれ特徴があるので、自身の環境や目的に合わせて利用してください。もちろん組み合わせて利用するのも効果的です。

❶X（Twitter）の検索欄で「サジェストキーワード」をチェック

X（Twitter）のサジェスト機能を利用して、あるキーワードと一緒に検索されている（絞り込み検索に利用されている）キーワードを調べることができます。X（Twitter）アプリでもブラウザでも標準で使えるため、誰でも簡単に利用できます。

X（Twitter）の検索欄に調べたいキーワードを入力します。すると、そのキーワードと一緒に検索されているキーワード（サジェストキーワード）の候補が複数表示されます。そこから、ターゲットのインサイトを深掘りしていき、キーワードを選定します。

次の図は「ポケモン」と検索欄に入力した例です。「ポケモン スリープ」「ポケモン スリープ フレンド」「ポケモン go」がサジェストキーワードです。

サジェストキーワードの例

1点注意すべきことは、X（Twitter）のサジェストキーワードは検索するたびに変化することです。

Google検索のサジェストキーワードは、Google検索で任意のキーワードと「よく一緒に検索されているキーワード」が表示されます。そしてこのキーワードデータベースの更新はある程度のインターバルがあります。

しかし、X（Twitter）のサジェストキーワードは最新のデータからサジェストキーワードが表示されます。そのため検索のたびに表示されるサジェストキーワードが変化する、ということがあります。その分、季節性のある話題や流行のテーマからバズを狙う場合には特に有効です。

なお、言葉によってはサジェストキーワードが表示されないことがあります。その場合は、関連する他のキーワードを入れて試してみてください。

❷X広告（Twitter広告）で「関連ワード」をチェック

　X広告（Twitter広告）のターゲティング設定機能を利用する方法です。

　Twitter広告の機能ですが、広告出稿しなくても利用できます。ただし、事前にTwitter広告のアカウント作成が必要です。また、現在のTwitter広告は有料の「X Premium（Twitter Blue）」の加入が必須です。

　X広告の「**ターゲティング機能**」項目に調べたいキーワードを入力すると、関連ワードと推定オーディエンス数を教えてくれます。関連ワードとは、その言葉と関係のある単語です。例えば「マーケティング」に対して「ビジネス」「広告」「web」といった単語が関連ワードにあたります。

　サジェストキーワードと異なり、関連する新キーワードを自動で出力するので、意識していないキーワードにも気づけるメリットがあります。

「マーケティング」で検索した場合の関連ワード

```
キーワードのおすすめ ⓘ

サラリーマン  ＋    ビジネス  ＋    キャリア  ＋    広告  ＋    スーツ  ＋

企業  ＋    不動産  ＋    line  ＋    転職  ＋    飲み会  ＋    エンジニア  ＋

cnn  ＋    通勤  ＋    投資  ＋    求人  ＋    fx  ＋    ニュース  ＋

google  ＋    仕事  ＋    seo  ＋
```

広告でリーチできる可能性を示す「推定オーディエンス数」

　「**推定オーディエンス数**」とは、広告が表示される可能性があるユーザー数です。数字が大きいほど多くのユーザーにリーチできる可能性が高いことを示します。

　ただし、**推定オーディエンス数はX広告を利用した場合の推測値**であることに注意してください。「推定オーディエンス数＝ツイートが表示されるユーザー数」ではありません。

X 広告を利用しないオーガニックツイートは、発信者のアカウントパワーやその他の評価も鑑みて表示されるかどうかが決まるため、実際にはこの数字よりも小さくなります。

　そのため、**推定オーディエンス数はキーワードのターゲットボリューム（ターゲットの数）がどのくらいなのかをイメージするための参考値**として活用してください。

　例えば「エビデンス」というキーワードは推定オーディエンス数が 2.34 万です。2.34 万という数値を見ると、このキーワードだけではリーチできるユーザー数は少ないです。そこで、ターゲットボリュームを増やすために「マーケティング（同 11.82 万）」や「ビジネス（同 110 万）」などの他の関連キーワードを含めて、ツイートに盛り込む必要性が出てきます。

推定オーディエンス数（ターゲットボリューム）について

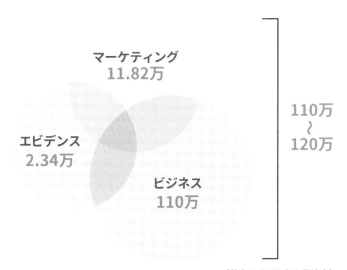

マーケティング
11.82万

エビデンス
2.34万

ビジネス
110万

110万
〜
120万

（数字は2023年6月時点）

　ターゲットボリュームを見ながらいくつかの関連キーワードを盛り込んでツイートを作るのがお勧めです。

❸Social Dogの「キーワードモニター」でチェック

　「**Social Dog**」は AutoScale 社が提供する有償の X（Twitter）運用ツー

ルです。Social Dog の「**キーワードモニター**」は、指定したキーワードを含むツイートを自動的に収集する機能で、指定キーワードを含むツイートの投稿数を見ることで、そのキーワードにどれだけの人が興味を持っているのかがわかります。

　投稿数が多ければ興味を持っている人も多いということになります。しかし「数が多ければいい」というわけでもありません。投稿ボリュームの多いキーワードを「ビッグキーワード」と呼びますが、往々にしてビッグキーワードは投稿者の意図が広がりすぎて、うまくターゲットを絞り込めないことが多いためです。

　例えば「仕事」というキーワードで考えてみましょう。

「仕事」というキーワードを含むツイートの例

　「仕事」というキーワードに隠れる投稿者のインサイトはさまざまです。ターゲットが絞りきれず、あなたのツイートにリーチする可能性は低くなります。

　次ページのグラフのように、キーワードは投稿数の規模で「ビッグキーワード」「ミドルキーワード」「ニッチキーワード（スモールキーワード）」に分類でき、キーワードの規模が小さいほどターゲットの絞り込みが容易になります。

キーワードモニターの投稿数から見た キーワードの振り分け

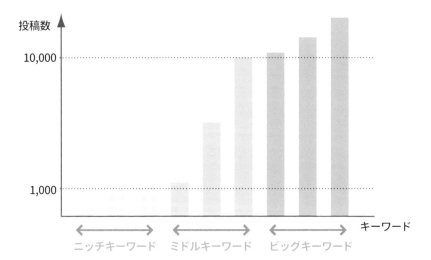

投稿数

10,000

1,000

キーワード

ニッチキーワード　　ミドルキーワード　　ビッグキーワード

　ただし、必ずしもビッグキーワードがダメでニッチキーワードが良いというわけでもありません。どのくらいのユーザーが興味を持つかを考慮しながら、キーワードをうまく組み合わせて選定することが重要です。

　なお、Social Dog のキーワードモニターは、利用プランによって収集されるツイートの期間や1日に取得できるキーワード数が異なります。プランや収集タイミングによって、正しく収集できない場合があるので、注意してください。

❷「トレンド（最新情報）」を取り入れる

　X（Twitter）は他の SNS に比べ「速報性」と「拡散性」が高いことが大きな特徴です。そのため、できるだけリアルタイムな情報をタイムラインに表示しようとします。

　X（Twitter）アルゴリズムでは「最新情報」が優遇されるよう最適化（プログラム）されているのです。

　そのため、トレンドワードや最新情報をツイートに盛り込むことで、多ユーザーへの露出が増え、インプレッションの獲得が期待できます。

ユーザーも新しい情報やトレンドには敏感に反応します。だからこそ、トレンドを取り入れることはインプレッションを獲得するのに有効です。

　次のツイートを見てください。2022 年 6 月、ユニクロが 2022 年秋冬商品から値上げすることを発表し、大きな注目を集めていました。

トレンドワードと発信テーマを絡めたツイート

リック｜マーケティング塾 ✔️ @rickbook_blog・2022年6月12日　　・・・
マーケティング脳がヤバい。例えばユニクロ。最近UNIQLOの値上げニュースはTwitterでも話題になってる。フリースやダウンなどの主力商品が1,000円も値上げするからね。でもここで、今回の値上げに対して即時に「得する人」と「損する人」をイメージできたら立派なマーケティング脳だ。ちなみに答えは？

🗨 79　　⟳ 139　　♡ 2,123　　📊　　⬆️

　筆者はすぐにツイートでピックアップしました。「ユニクロ」「UNIQLO」「値上げ」「フリース」「ダウン」などのトレンドキーワードを盛り込み、筆者の発信テーマ「マーケティング」と絡めてツイートを投稿しました。

　結果はインプレッションが 80 万、いいねが 2,123 で、約 1,000 人のフォロワーを獲得できました。

　このようにトレンド（最新情報）はインプレッションの獲得に有効で、フォロワー増加の一因になり得ます。

トレンドが見つからない場合

　自分の発信内容に合うトレンド情報がなかなか見つからない場合があると思います。その場合は「トレンドになるであろう」事柄からツイートを作成するのもお勧めです。

　X 社は、過去の状況などを踏まえて盛り上がりを見せるイベントや話題をまとめた「**モーメントカレンダー**」を提供しています。

　モーメントカレンダーを利用すれば、事前にトレンドになるであろうことがわかるので、話題に合わせてツイートを準備することが可能です。悩んだときこそ、ぜひ活用してください。

Twitterモーメントカレンダー

https://business.twitter.com/ja/resources/jp-twitter-moment-calendar.html

❸「メディア」を添付する

「メディア」とはツイートに添付する「画像」や「動画」のことです。

メディア付きのツイートは、文字だけのツイートに比べて目を引きます。メリットはそれだけでなく、**X（Twitter）アルゴリズムでもタイムラインにツイートを表示させるための加点対象**になっています（最新Xアルゴリズム表を巻末に掲載）。

そのため、ビジュアル化したほうが伝わりやすい場合は、積極的にメディアを活用するほうがインプレッションの獲得に有効です。

筆者は「マーケティングに関する知識」を問題形式で投稿しているのですが、これを画像で投稿することが多いです。

画像でツイートを短くし離脱を防ぐ

筆者は以前、問題文をテキストで投稿していました。しかし、思うようにエンゲージメントが取れず、原因を探る過程で「ツイートが長いために読者が途中で離脱しているから」と分析しました。問題文を画像でまとめてツイートの文章量を減らしつつ、視覚的かつ直感的に目を引く現在の投稿へ改善しました。

結果は見違え、連日10万インプレッションを超えるほどになりました。

「画像」を添付することで目につきやすい

画像で情報量を増やす

　次のツイートは、ビジネスで使える顧客心理をコピーの事例とともに 15
個解説したものです。

　このような膨大な情報を提供する際にもメディアは役立ちます。

多くの情報がまとめられた「画像」

　画像は情報量が多いので投稿閲覧時のパフォーマンスが高く、ユーザーにも高く評価されやすい要素です。

　繰り返し情報を見返すためにブックマークも期待できます。

❹「スレッド」を使って長文ツイートにする

　リプライを使って 140 文字以上の長文ツイートを作る「**スレッド**」投稿も、インプレッションの獲得に有効です。その理由は次の 2 つです。

● スレッド投稿がインプレッション獲得に有利な理由

- より多くの情報を提供できるので、X（Twitter）アルゴリズムに評価されやすい。
- 読者をより長くツイートに滞在させられるので、X（Twitter）アルゴリズムの加点対象となる。

スレッドを使用した長文ツイート

スレッドを利用した長文ツイートはX（Twitter）アルゴリズムでの評価が上がり、結果的にタイムラインに表示されやすくなるという仕組みです。

最近はスレッド投稿をよく見かけるようになりました。実際に筆者も何度か利用しています。

長文なので「後でゆっくり読もう」というユーザーも多く、ブックマークも狙えます。

❺「X Premium（Twitter Blue）」に加入する

「X Premium（Twitter Blue）」とは、2023年1月に日本国内での提供が開始された、X（Twitter）のサブスクリプションサービス（有料）です。

アカウント名の隣につく青いチェックマーク（✅）は、従来は著名人などが本人であることを示す「公式マーク」として使われていましたが、現在はX Premium（Twitter Blue）に加入すると、このマークが付くようになりました。

X Premium（Twitter Blue）に加入するとマークがつく

リック｜マーケティング塾 ✅ @rickbook_blog · 2022年9月
ユニクロの敗北。なんと10〜20代前半のZ世代女性をターゲ
「SHEIN（シーイン）」というアパレルの年間売上が2兆8000
ニクロ超えで衝撃が走ってる。SHEINの特徴は常にインスタ

これ以外にも、X Premium（Twitter Blue）の加入者には特別な機能が提供されています。その一例が次の通りです。

● X Premium（Twitter Blue）加入者に提供される機能（一部）

- 投稿後、30分以内の再編集
- 140文字以上の長文での投稿
- 「太字」と「斜字」の利用
- ブックマークフォルダのカスタマイズ
- 長尺の動画の添付

X Premium（Twitter Blue）はタイムライン表示で加点がある

　X Premium（Twitter Blue）の大きなメリットの1つが、**タイムラインにツイートを載せるために加点される**という点です。X Premium（Twitter Blue）に入っているだけで優遇されて他ユーザーのタイムラインに表示されやすくなります（最新Xアルゴリズム表を巻末に掲載）。

　そのため、ビジネス目的でX（Twitter）を利用している場合はX Premium（Twitter Blue）に加入することを強くお勧めします。費用はWebサイトからの加入で月額980円、スマホアプリからの加入で月額1,380円程度なので、ビジネス用途であれば筆者は必要経費だと捉えています。

　フォロワーを増やすための大前提として、自分のツイートが他者のタイムラインに露出することが必須です。X Premium（Twitter Blue）加入によって露出が優遇されるので、ビジネス目的なら加入しない手はありません。

❻「インフルエンサーのエンゲージメント」を獲得する

　これは少し裏ワザ的な手法です。

　あなたの投稿が同じ分野のインフルエンサーにエンゲージメントされると、多くの新規リーチを見込めます。

　1-3（58ページ）で紹介した「タイムラインを形成するツイート」の内訳を見てください。

　自分のタイムラインに表示されているフォロー外のツイートのうち3割（全体の15%）は「あなたがフォローしているユーザーがエンゲージメントしたツイート」が表示されています。

　具体的に説明すると、あなたがフォローしているインフルエンサーがユーザーA（あなたはユーザーAをフォローしていない）のツイートにエンゲージメントした場合、あなたのタイムラインにユーザーAのツイートが表示されるということです。

フォローしているインフルエンサーが
エンゲージメントしたとき

これを逆に考えてみましょう。

あなたのツイートにインフルエンサーがエンゲージメントしたら、そのインフルエンサーをフォローしているユーザーＡのタイムラインに、あなたのツイートが表示されることになります。

あなたのツイートを
インフルエンサーがエンゲージメントしたとき

インフルエンサーは膨大なフォロワーを抱えています。そのため、インフルエンサーがエンゲージメントした場合、よりたくさんのユーザーにあなたのツイートを届けられます。

さらに、インフルエンサーがあなたと同じ分野であれば、そのフォロワーもあなたの発信する情報に興味を持つ可能性が高いと推測できます。そのため、ツイートの露出が増えればフォロワーとなってくれる確率も高いというわけです。

インフルエンサーのエンゲージメントを獲得したときの拡散のイメージ

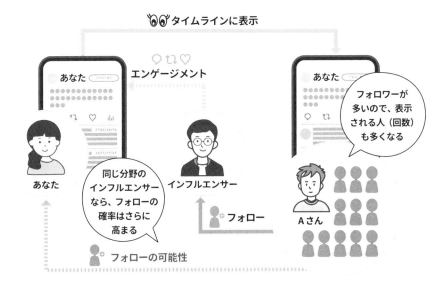

逆算してツイートする

インプレッションの獲得方法が理解できると、自身のツイートを他者のタイムラインに載せるために、ツイートをどのように設計すればいいかが見えてきます。

フォロワーを増やすためにはどのくらいのユーザーに認知してもらうかで結果が大きく変わってきます。本節で解説したノウハウを設計に盛り込んでいきましょう。具体的な設計方法は第2章以降で詳しく解説します。

1-4

ツイートで
読者の興味を引く方法

● 興味を引くツイートの3要素

　ツイートをタイムラインに表示させることができても、そのツイートに興味を持ってもらってプロフィールにアクセスしてもらえなければ、フォローはしてもらえません。

　ターゲットの目を引き、ツイートを読ませ、興味を高めて行動へつなげる必要があるのです。

　そこで、「読者の興味を引く」という抽象的な心理を、具体的な事象に置き換えて考えると理解しやすくなります。その具体的な事象は次の3つです。

● 読者の興味を引く3要素

❶エンゲージメントの獲得
❷ツイートに2分以上滞在
❸プロフィールへのアクセス

　読者が興味を持ってくれたからこそ、ツイートに「いいね」や「RT」などのエンゲージメントをしてくれますし、そのツイートを長く読んでくれます。「どんな人が発信しているんだろう？」と興味を高められたからこそ、プロフィールへアクセスして確かめるのです。

X（Twitter）で「読者の興味を引く」とは

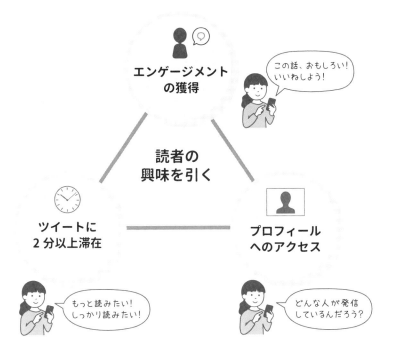

　このように「読者の興味を引く」という心理は、3つの具体的な事象に置き換えることができます。

　そしてこの3つの事象について深く理解していくと、読者の興味を引く方法が見えてきます。

1-5

エンゲージメントの獲得

◉ エンゲージメントを獲得するツイート構成

　読者は、あなたのツイートに興味を持った結果として「いいね」や「RT」、「コメント」などのエンゲージメントをします。

　エンゲージメントの「数」や「誰がエンゲージメントをしたか」はインプレッションに影響を与えており、ツイートを拡散するためにも「エンゲージメントの獲得」は必須です（インプレッション獲得の重要性については前節で解説）。

　エンゲージメントを獲得するためには、どのようなツイートをすれば良いのでしょうか。筆者が利用するツイートの基本的な構成は次の通りです。

● ツイートの基本構成

❶キャッチ
❷本文
❸CTA（結論）

　これを見て「こんな簡単でいいの？」と感じたと思います。しかし、この3構成が適切です。

　X（Twitter）は限られた文字数の中で、読者にあなたの想いや必要な情報を伝えなければいけません。そのため、複雑な文章構成は不向きです。

　さらにX（Twitter）の表示はタイムライン式で、次々に新しい情報が流れていきます。そのため、読者が内容を理解するために考えなければいけ

ない難しい文章では離脱の恐れが高まります。

このような理由から、**ツイートは「シンプルな構成がベスト」**であると言えます。次の図は、筆者がこの構成で実際に投稿したツイートです。

シンプルで読者に伝わりやすい（❶キャッチ ❷本文 ❸CTA）

シンプルな構成だからこそ、難しく考えなくても情報が伝わると思います。X（Twitter）の特性を考えると「わかりやすく、情報が伝わる」ことを優先することが必要です。

■ エンゲージメントの獲得とツイート構成

次に、このツイート構成とエンゲージメントの獲得の関係を理解するために、メディアマーケティングのファネルを用いて考えましょう。

次ページの図はツイート構成とエンゲージメント獲得の関係を示したものです。この図からわかるように、3つのツイート構成にはそれぞれ役割があるので、具体例を用いて解説していきます。

❶キャッチ

ツイートにおける「キャッチ」は、「ツイートの1文目」や「添付メディア」のことです。

キャッチは、たくさんのツイートが流れてくるタイムライン上で読者に目を留めてもらう（発見）役割をします。

当然ですが、ツイートに目を留めてもらえない限り、ツイートを読んで

エンゲージメントの獲得とツイート構成

エンゲージメントまでのユーザーの行動	ツイート構成の役割
❶認知 ・ツイートに気づく	❶キャッチ ・ツイートに目を 　留めてもらう（＝発見）
❷興味 ・ツイートが詳しく見られる	❷本文 ・ターゲットの 　感情を動かす
❸行動 ・エンゲージメントする	❸CTA（結論） ・意図を伝え 　行動の後押しをする

もらえず、エンゲージメントは獲得できません。

　キャッチの役割は「メルマガ」や「公式 LINE」で考えるとわかりやすいです。公式 LINE で次のようなメッセージが届いたとき、つい開いてしまうのは A と B のどちらですか？

開きたくなるメッセージはどっち？

A

B

　これは、筆者が運営する有料サロンのメンバー向け公式 LINE で、実際に配信したメッセージです（メルマガでいうと「件名」にあたる部分です）。

　どちらも毎月行っているセミナーについての連絡を行ったものですが、圧倒的に B のほうが開封率が高くなりました。

A の場合、メッセージ冒頭が「【明日 21 時〜】……」となっているので、「今すぐ見る必要はない」と判断されたわけです。明日の 21 時までに確認すれば良いと受け止めた人が多かったため、開封率が低迷しました。

一方で B の場合は、「22 時から大丈夫そうですか？」と、まるであなた自身に個別に送られてきたようなメッセージです。しかも、直近の「本日 22 時」の話なので、早めに確認しないといけないという心理が働きます。そのため、つい開いてしまいますよね。

このように「なんだろう？」とユーザーの興味を引くことができたため、開封率が抜群に高くなりました。

ツイートでも、最初のメッセージであるキャッチ（一文目やメディア）で興味を引くことができれば、続きを読んでもらえる確率はグッと高まります。

「ツイートの一文目」で読者の興味を引く実例を紹介します。

一文目で目を引く実例

リック｜マーケティング塾 ✅
@rickbook_blog

Amazon Musicのサービス変更が話題。「プライム会員(月880円)」で聴ける配信曲が200万曲から1億曲に増えた。一方で「プレイリスト」の曲が順不同で流れるシャッフル再生が基本に。もう好きな曲を好きな順で聞けない。これにTwitterでも「改悪だ」の声が多数。とはいえAmazonにも狙いがあるらしい。↓

午前7:00 · 2022年11月2日

📊 ツイートアナリティクスを表示　　　　　**プロモーションする**

91 件のリツイート　**6** 件の引用　**649** 件のいいね　**20** ブックマーク

「Amazon Music のサービス変更が話題。」で始まるツイートです。

Amazon Music の利用者は、「サービス変更って何？」「話題になってるってどんな話だろう？」と興味を持ち、続きを読んでしまいますよね。

ツイートにおけるキャッチ（一文目やメディア）は、読者に目を留めてもらうために、とても重要です。「エンゲージメントが思うように伸びない」

と感じている方は、まずキャッチを見直すことをお勧めします。

❷本文

　キャッチで読者に目を留めてもらったら、次は「本文でターゲットの感情を動かす」ことが必要です。なぜなら、エンゲージメントをつける瞬間とは、読者の感情が動いた瞬間でもあるからです。

　例えば映画を見たとき、家族や友人に映画の話をしたくなるのは「すごく良かった！」と感動したり、「こう思うんだよなぁ」と疑問を感じたときではないでしょうか。映画鑑賞によってなにかしらあなたの「感情が動いた」から話をしたくなるのです。

　ツイートにエンゲージメントをつけるときの感情も同じです。

「感情が動く」ツイートの例

　これは「競合」についてマーケティング視点で伝えた筆者の事例です。「時間の奪い合い」や「手元の奪い合い」と、通常考える競合とは異なる視点で競合を伝えたことで、「なるほど！」と読者の感情を動かすことができました。

　そのおかげで883RT、9,114 いいねがつき、100万インプレッションを獲得しています。

　これは「人は感情で行動し、理屈で納得する」という、マーケティングや営業分野ではよく言われる原理からきています。

■「遊んでみたい」という感情だけで流行

　2016 ～ 2017 年頃に流行った「ハンドスピナー」をご存じですか？

　ハンドスピナーとは、中心部を指で挟んで持ち、クルクルと回して遊ぶ

おもちゃです。当時多くの YouTuber が紹介し、テレビでも多数取り上げられ、とにかく話題になっていました。

　当時はハンドスピナーで遊ぶことに特別な理由はありませんでした。「やりたい！」と感情が動いていたから行動に移していただけです。もし「なんで必要なの？」と家族に聞かれても、「みんなやってるからだよ！」という謎の理屈で正当化できるくらいでした。

　しかし、ブームが終わった今では「みんなやっている」なんていう理屈は通用しませんし、「欲しい！」とも思いません。感情が動いていないから、行動（購入）はありえませんよね。

　人間の行動の原点は「感情」です。ツイートでエンゲージメントを獲得する（行動してもらう）ためにも、「感情を動かす」ことが必須と言えます。

　どのような投稿内容が読者の感情を動かすのかについては、X 社が明確に答えを出しています。詳しくは第 4 章で解説しますので、本章では「エンゲージメントの獲得」には、本文で「感情を動かす」必要があることを理解してください。

❸CTA（結論）

　最後に **CTA**（Call To Action）で「行動喚起」もしくは「結論」を伝えます。エンゲージメントを得るためには、**ツイートの意図を読者に示す**必要があるからです。

　「行動喚起」や「結論」とは、具体的に次のことを言います。

● **行動喚起や結論の具体例**

- 主張したいのか？
- 意見を聞きたいのか？
- 知識を広めたいのか？
- 注意喚起をしたいのか？
- フォローしてほしいのか？
- 応援で拡散してほしいのか？
- 他のツイートも見てほしいのか？
- リンクをクリックしてほしいのか？

第1章

X（Twitter）メディアマーケティングの設計図

ツイートの締め（CTA）で、「このツイートを見て、読者にどうしてほしいのか」を伝え、行動を後押しするのです。

よく、「フォローして」や「いいねして」と自分で言うのはいやらしいからやめたほうがいい、と言う人がいます。日本人らしい考え方ですね。

しかし、実は素直に**「フォローしてほしい」と伝えたほうがフォロー率は上がります**。筆者が多くのツイートを投稿する中で結果は明らかでした。

はっきりとした根拠もないのに「言わないほうがいい」という言葉を信じてはいけません。ツイートの最後（CTA）には、「ツイートを見てどうしてほしいのか」を伝えるほうがユーザーに行動してもらうことができます。

実例でCTAをどのように伝えるのかを見ていきましょう。

CTAでツイートの意図を読者に示す実例1

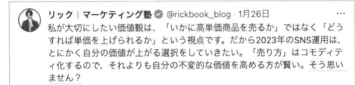

自身の考えに対して、読者がどう思うのか？　を聞きたかったため、「そう思いません？」とリプライを促すメッセージを添えました。

CTAでツイートの意図を読者に示す実例2

このツイートは伝えたい内容が140文字では収まりきらなかったので、スレッドを用いて続きをまとめました。そのため、リプ欄を開いてもらえ

るように、文末で行動喚起をしています。

CTAでツイートの意図を読者に示す実例3

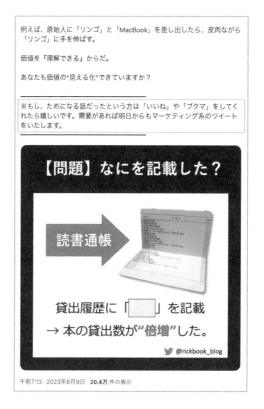

例えば、原始人に「リンゴ」と「MacBook」を差し出したら、皮肉ながら「リンゴ」に手を伸ばす。

価値を『理解できる』からだ。

あなたも価値の"見える化"できていますか？

※もし、ためになる話だったという方は「いいね」や「ブクマ」をしてくれたら嬉しいです。需要があれば明日からもマーケティング系のツイートをいたします。

【問題】なにを記載した？

読書通帳

貸出履歴に「　　　」を記載
→ 本の貸出数が"倍増"した。

@rickbook_blog

午前7:13・2023年6月9日・20.4万 件の表示

　このツイートでは、ストレートに「いいね」と「ブックマーク」をしてもらうようにお願いしました。「需要があれば明日からもマーケティング系のツイートをいたします」と理由づけができると、より自然に行動を促すことができますね。
　このようにツイートの「キャッチ」で目を留めてもらい（発見）、「本文」で感情を動かし、「CTA（結論）」で行動の後押しをすることで、「エンゲージメント獲得」の可能性を高めることができます。

1-6

ツイートに2分以上滞在

● 長時間読者を引き止めるツイートは加点対象に

あるツイートに長く滞在してもらう（ツイートを読むのに時間をかける）ということは、そのツイートに興味を持ってもらえていると言えます。**読者が2分以上滞在していた場合、X（Twitter）アルゴリズムの加点対象**になります（最新Xアルゴリズム表を巻末に掲載）。

そのため、読者の興味を引く話題を投稿することはもちろん、「長文」や「動画」を活用して滞在時間を伸ばす工夫が必要です。

しかし、単に「長文にしただけ」、「動画を添付しただけ」では、滞在時間は増えません。興味を引かなければ読者はすぐに離脱します。

例えば、ブログ記事を読んでいるときと比較して考えてみましょう。

ブログ記事を読む状況は、知りたいことがあって検索をしたうえで、閲覧しているケースがほとんどです。つまりそこには「検索意図」があります。多少ブログ記事が長くても「知りたい」という気持ちがあるので、記事を読んでもらえる可能性は高いです。

一方で、X（Twitter）は通勤時間や空き時間などの暇つぶしで見ているケースが多いでしょう。つまり「なんとなく」見ているユーザーが多いわけです。

「何かを知りたい」と思ってX（Twitter）を見ているケースは稀で、そこには検索意図はありません。

そんなユーザーにただ長文ツイートを見せても、気づくこともなく読み飛ばされるか、すぐに離脱されてしまいます。

ブログとX（Twitter）の違い

ブログの場合

何かを調べたいと思って検索サイトで調べてから、ブログ記事にたどり着いていることがほとんど。例えば「レタス　レシピ」のように、レシピを探しているなど。
そのため、そこには「検索意図」があり、情報を「知りたい」と前向きに考えている。それゆえ、ブログ記事を読んでくれる可能性は高くなる

X（Twitter）の場合

X（Twitter）を見るのは、通勤時間や空き時間など

多くの場合、暇つぶしでツイートを「なんとなく」見ている。そのため、そこには検索意図はない。
よって、自ら情報を「知りたい」という気持ちはなく、ツイート内容に興味を持たすことができなければ、長文ツイートは読まれない

　つまり「ライティング」や「クリエイティブ」に工夫をして興味を持たせられなければ、２分以上ツイートに滞在してもらうことは不可能だということです。

■ 長時間滞在させるツイート

　長時間滞在させるツイートは、次のようなものが挙げられます。

● 長時間滞在させるツイート

- 何度も読み返したくなる、学びあるツイート
- 賛否両論があり、考えさせられるツイート
- クイズで長考させるツイート
- リプライ欄を見たいと思わせるツイート

　具体的に実例で、解説していきます。

何度も読み返したくなる、学びあるツイート

　X（Twitter）ユーザーの多くが興味を持つ「X（Twitter）アルゴリズム」についての情報をまとめたツイートです。

　メディアを用いて膨大な情報を提供しています。「何度も読んで理解したい！」という気持ちを高め、滞在時間が延びるように設計しました。

　次ページのツイートは、賛否両論ある「ChatGPT」に関する内容です。

　ニュースを見ても賛成派と反対派がいることは明白で、あえてこのテーマを選びました。さまざまな意見があるためリプライも見たいという気持ちを高めました。

　さまざまな意見を解釈するには自身が内容を理解する必要があるため、ツイートをしっかり読んでもらえ、滞在時間が延びることが期待できます。

賛否両論があり、考えさせられるツイート

　次のツイートは、クイズで長考させる内容です。クイズは「考える」という行為を自然と促すことができるため、滞在時間を伸ばすのにもっとも取り入れやすい方法です。

　クイズを見ると答えたくなります。答えが合っているのかを確認したいのが人間の心理ですから、最後まで読んでもらうことができます。

クイズで長考させるツイート

87

リプライ欄を見たいと思わせるツイート

最後に「『おすすめしたいこと』をリプで教えてください」と伝え、リプライを促したツイートですが、これにはもう1つ意図があります。

「他の人は何を勧めているのだろう」と、リプライを見たくなるようなライティングを意識して、滞在時間を延ばす工夫をしました。

◉ 長文ツイートで長時間滞在を狙う

このような工夫を施して滞在時間を伸ばすことを狙いますが、最も挑戦しやすい方法は「**長文ツイート**」です。長文にするためには、必然的に情報量を多くする必要があります。前述のような工夫を施しながら、読者を引きつけるライティングができれば、ツイートを読んでもらう時間（ツイートの滞在時間）が自然と長くなるからです。

現在、「長文」でツイートを投稿する方法は、次の2種類があります。

● 長文ツイートを投稿する方法

- 「スレッド」を使って、長文にする
- X Premium（Twitter Blue）に加入して、140文字以上の投稿をする

筆者はどちらの方法でも効果を出しています。環境に合わせて長文ツイートの方法を選択すれば問題ありません。効果的な長文ツイートなら読者の満足度は高まり、あなたへの興味も高められる可能性は高いと言えます。

1-7

プロフィールへのアクセス

◉ フォローされるにはプロフィール誘導が必須

フォロワーを増やすためには、プロフィール（プロフ）にアクセスして
もらわなければいけません。

「フォローボタン」はプロフィールにあるからです。

フォローボタンはプロフィールにある

プロフィールにアクセスしてもらうのは、とてもシンプルです。

「あなたのことが気になる！」「他の投稿も見てみたい！」と思わせれば、
プロフィールにアクセスしてもらえます。

もっともわかりやすい事例だと、「美女アイコン」のアカウントはプロフ

ィールのクリック数が多いと言われています。理由は簡単で、タイムラインに流れてきた美女のアイコンをアップで見たいユーザーがいるからです。

　このように、とにかく「あなたのことが気になる！」と思ってもらえれば、プロフィールにアクセスしてもらうことができます。

　アイコン以外にもプロフィールへのアクセスを獲得する工夫があります。ツイートで行える工夫は「主張」「自己開示」「経験や実績の開示」です。

● プロフアクセスを狙えるツイートの要素

❶主張
❷自己開示
❸経験や実績の開示

❶主張

 リック｜マーケティング塾 ✔
@rickbook_blog

実は昨日から「北海道」に4日間のワーケーションに来ています。

しっかり毎日のタスクを決め、完了したら「北海道の幸」を満喫する。こうやって仕事を「ゲーム」のように楽しむ。

場所を選ばない、小さなマーケティング会社だからできる「働き方」です。

ぶっちゃけ...

大きな会社ではこんな柔軟な働き方は難しいでしょう。

このように、自分と自分の大切な人がそこそこ幸せに暮らせる程度なら「社員5名以下の会社経営」を目指すのはアリだと思う。

そして、そうなるために次のようなオンラインで可能なお仕事スキルと経験、実績を身につける。

・SNS運用代行業
・SNSコンサルティング業
・WEB広告代理店業
・SNS広告代理店業
・LP制作代行業
・公式LINE構築業
・Lステップ構築業
・動画編集業
・WEBライター業 など

しかし、ここで注意なのが「マーケティング」を学ばずこれらのスキル習得しても、安心して独立はできないという点です。

例えば「動画編集」のスキルがあっても、
・長尺視聴される編集
・エンゲージメントが付く編集
・CVRの高い編集

などのように、マーケティングで掛け算した動画編集ができないと「選ばれる人材」にはなれません。

そして「選ぶ側」にもなれません。← （重要）

私はTwitterをはじめて2年で独立しました。

当時はブログで稼いでいましたが、結局は「ブログ」ではなく「ブログを通してマーケティングを武器にした」が正しいです。

私は元々マーケティング職だったので、アドバンテージはありますが、私の教え子やクライアントさんで、マーケ初心者でも独立されている方はいます。

なので決して私のように「マーケティング職」になる必要はありません。

「マーケティングを武器にできる」ようになれば十分です。

個人が学べるマーケティングの『いろは』を今後もツイートしていくので、ご興味ある方はぜひチェックしてください！

午前7:00・2023年4月26日・2.2万 件の表示

📊 ツイートアナリティクスを表示　　　**プロモーションする**

22 件のリツイート　　**2** 件の引用　　**307** 件のいいね　　**10** ブックマーク

これは「働き方」について筆者の考えを主張したツイートです。

「北海道でワーケーションできるなんてどんな仕事をしているんだろう」「マーケティングってたくさん言ってるけど、すごい人なのかな？　他のツイートも見てみよう」と、筆者への興味を高めてプロフィールを見てもらうように促しました。

❷ 自己開示

テレビのインタビュー番組を模して、筆者の考え方を伝えたツイートです。表現方法で、筆者のエンタメ好きを開示したものでもあります。

リプライを見ると、「え？　テレビに出たの？」と勘違いする人もいましたし、「おもしろいことする人だったんだ」と思ってくれた人もいました。

普段とは違う一面で筆者への興味を高め、プロフアクセスを狙いました。

❸経験や実績の開示

　このツイートでは先に実績を紹介することで、その後のツイート内容への信頼性を高め、最後まで読んでもらう確率を高めました。さらに、ツイートを読んで学びを得られたと感じた人が「他のツイートも気になる！」と思って、プロフへアクセスしてくれるように設計しました。

　このように、プロフィールにアクセスしてもらうためには、いかに「あなたのことが気になる！」や「他のツイートも見てみたい」と思わせられるかどうかが重要です。上記の実例を参考に、どうしたら興味を高めていけるかを考えて、ツイート設計をしましょう。詳しくは第4章で解説します。

◉ 道すじを設計する

　「読者の興味を引く方法」をツイートに散りばめることで、あなたやあなたの情報への興味を高め、「エンゲージメントの獲得」や「プロフィールへのアクセス」に向けて、道すじを設計することができます。

1-8

フォローボタンを
押させる方法

● フォローさせるための設計

　タイムラインにツイートを載せ、読者の興味を引いてツイートを読んでもらえたら、あとは「フォローボタン」を押してもらうだけです。

　しかし、このステップが難しいことはあなたも実感しているでしょう。

　これも「ブログ記事」や「商品 LP」で考えるとわかりやすいです。検索サイトの上位に掲載され、記事に気づいてクリックし、中身を読んでもらえたとしても、「購入」ボタンや「申込み」ボタンをクリックしてもらえる確率（CV 率）は、たった 1 〜 3％程度です。業界によっては、1％を切ることも珍しくありません。

　コンバージョンさせることはとても難しいため、ブロガーはあらゆるノウハウを使って、なんとか CTA ボタンをクリックしてもらえるように記事を設計しますよね。

　X（Twitter）も同様です。「フォローボタン」を押してもらうのはとても難しいため、非常に重要なノウハウと言えます。

　では、どうすれば読者は「フォローしよう」と思うのでしょうか。筆者が実践するノウハウは、次の 2 つです。

● フォローを促すノウハウ

❶「見逃したくない」の設計
❷「反論処理」の設計

93

このノウハウはツイートだけでなく、プロフィールでも考慮する必要があります。なぜなら「フォローボタン」はプロフィールにあるからです。

読者はツイートを見て興味が高まったら、プロフィールへアクセスします。プロフィールの内容と直近のツイートも判断材料にして、フォローするかどうかを決めます。

そのため、ツイートとプロフィールの両方で上記2つを設計することが、「フォローボタンを押す」確率を高めます。

❶「見逃したくない」の設計

「見逃したくない」の設計とは、読者に「この人の発信を見逃したくない」と思ってもらえるように設計することです。これがまさに、ユーザーが「フォローボタンを押す」ときの心理です。

それはX（Twitter）が「**タイムライン形式**」であることに理由があります。

YouTubeとX（Twitter）の表示

Youtubeのチャンネルページは一貫性が高く、過去の動画も探しやすい

タイムライン形式のため、最新の情報に触れやすい一方で、過去のツイートを探すのは難しい

YouTube の画面を思い出してください。YouTube のホーム画面ではタイムライン形式で情報（動画のサムネなど）が流れていますが、チャンネルページへ行けば動画はカテゴリーごとに分類されています。一覧性が高く、見たい動画を見つけやすくなっていますよね。これはインスタも同様です。

　一方で、X（Twitter）はプロフィールページへ行っても、ツイートの表示はタイムライン形式です。「前に見たあのツイートをもう一度見たい」とユーザーが思っても、探せず断念した経験があるでしょう。

　X（Twitter）は過去の情報を振り返ることが難しく、最新の情報をそのとき確認するのにもっとも適した媒体です。そのため「この人の発信を見逃したくない」と思ってもらえると、それがそのままフォローにつながりやすいのです。

　以前、筆者はプロフィールに「最新の Twitter 情報を発信」と入れていたことがありました。実はこの言葉を入れただけで、フォロー率はぐんとアップしました。

「見逃したくない」の設計の例

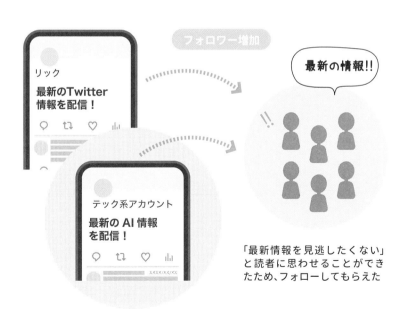

リック
最新のTwitter
情報を配信！

フォロワー増加

テック系アカウント
最新の AI 情報
を配信！

最新の情報!!

「最新情報を見逃したくない」と読者に思わせることができたため、フォローしてもらえた

例えば「ChatGPT」の話題が盛り上がった時期には「最新の AI 情報を発信」と記載されたアカウントのフォロワー数がどんどん増えていたのを覚えています。

　これは「最新の〜」という言葉に読者が反応し、「最新情報を見逃したくない！」と思わせることができたため、フォローにつながったと考えられます。

　「見逃したくない」と読者が思う設計について、もう少し理解を深めていきましょう。

　筆者の事例で考えます。筆者のアカウント設計は次の通りでした。

筆者のアカウント設計

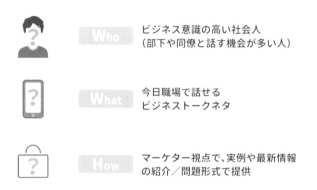

Who　ビジネス意識の高い社会人
（部下や同僚と話す機会が多い人）

What　今日職場で話せる
ビジネストークネタ

How　マーケター視点で、実例や最新情報
の紹介／問題形式で提供

　筆者のターゲットの具体的な人物像は、「朝礼で何を話すと、みんなのためになるかな？」「部下にはどんな話をしよう？」と、毎日の出勤中に Web ニュースや日経新聞で必死にネタ探しをしている人です。

　そんな人に、次のような「事例付きで学べるトークネタ」を提供したら、探しても探しても尽きてしまうネタが、自分で探さなくてもそこにあるのですから、「見逃せない！」とフォローしたくなりますよね。

　このように、いかにあなたの発信を「見逃したくない」「見逃せない」と思わせられるかが、フォローボタンを押させる重要な要素となります。

ターゲットの需要を考えたツイートの例

❷「反論処理」の設計

　「見逃したくない」の設計において、注意すべきことがあります。それは「**反論処理**」をする必要があるということです。

　もし、「トマト」が通常価格の半額で販売されていたら、どう感じるでしょうか。多くの人が「なんでこんなに安いの？　おいしくないのかな？　古いんだろうか？」と疑ってしまいますよね。これが「反論」です。

不揃いトマトの販売のイメージ

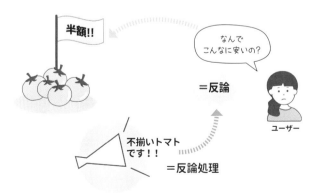

この反論を処理するために「形が不揃いで、通常の販路での販売ができないため、お安くなっています！」という理由づけをします。

　筆者のアカウントでも「マーケター視点で」情報を提供すると伝えているのに、筆者にマーケティングの経験がなければ「この意見は正しいの？」という反論が起きているはずです。

　事例で考えてみましょう。

　例えば、「美容」について発信する、次のような2つのアカウントがあります。あなたはAとBのどちらの投稿に、「信用度」を高く感じますか？

● どちらのツイートに信用度を感じるか

A 某大手化粧品メーカーの元グランドマネージャー（業界例20年）
B ここ3ヶ月で、化粧にハマった女子高生

　言うまでもなくAのほうが信用できると思います。
　次の場合ではどうでしょうか？

C 某大手化粧品メーカーの元グランドマネージャー（業界例20年）
D 美容グッズオタクのYouTuber（登録者数50万人）

　この場合は少し悩みそうです。

　美容の知識に関してはCのほうが信用できそうです。しかし、美容グッズに関する情報（お勧めや使い心地など）については、読者との距離感も近いDのほうが有利になりそうです。

　ツイートへの信用度は、「権威性」や「社会的証明」、「実績や経験」が大きく影響します。逆を言えば、ツイートに対する「この人の発信は信用できるのか？」という読者の反論に対して、これらが「反論処理」をしてくれるのです。

　この「反論処理」ができるとツイート（情報）の価値を高められ、「これからもこの人の情報を見たい！　見逃したくない！」という気持ちを強めることができます。

　そのため、2W1Hの設計ができたら、「What（何を）」に対して「説得力」を与えるイメージで、自身が訴求できる「権威性」や「社会的証明」、「実績・経験」を見つけてください。

筆者の場合、「What= 今日職場で話せるビジネストークネタ」の説得力を高めるために、次のような内容（下線部）をプロフィールやツイートに入れています。

プロフィールの例

ツイートの例

このように、「この人の発信は信用できるのか？」という反論に対する処理を設計して、「あなたの発信を見逃したくない」という気持ちを強め、フォロー率を高めていきます。

『 X (Twitter) 運用 』

インプレッションが伸び悩んだら	チェック
ツイートにキーワードが入っているか？	☐
トレンドを含む内容か？	☐
メディアを添付しているか？	☐
スレッドや長文を活用しているか？	☐
X Premium (Twitter Blue) に加入しているか？	☐
インフルエンサーからエンゲージメントを獲得したか？	☐
ターゲットの興味を引く投稿	**チェック**
ツイートは「キャッチ／本文／CTA」で構成しているか？	☐
2分以上ツイートに滞在するような情報量か？	☐
プロフアクセスを獲得しやすい 「主張／自己開示／経験や実績」を載せているか？	☐
フォロー率を高めるには	**チェック**
ターゲットが「見逃したくない」と思う発信をしているか？	☐
ターゲットの「反論処理」をして信用を得ているか？	☐

集客のための
2W1Hの言語化

アカウントやツイートの設計の前に、まずは「Who（誰に）」
「What（何を）」「How（どのように）」（2W1H）を言語化する必
要があります。なぜなら、2W1Hを明確にすることで、アカウン
トやツイートの正しい評価が可能になるからです。

本章では、メディアマーケティングにおける2W1Hの言語化に
ついて解説します。

2-1

メディアマーケティングの 2W1Hを明確にする

◉ ロジカルに設計して成功率を高める

　拡散されるツイートやフォローされるアカウントを設計するには、「Who（誰に）」「What（何を）」「How（どのように）」の言語化が必須です。

「2W1H」

　ビジネスとして継続的にX（Twitter）を運用するなら分析と改善が必要ですが、再現性のない設計をしていてはそれができません。

　そのために、まずは「2W1H」をしっかりとかためることが有効です。これにより、ロジカルにアカウントやツイートを設計できるようなるため、評価が可能となりアップデートにつながります。正しくアカウントやツイートを設計するために、「2W1H」を言語化していきましょう。

2-2

メディアマーケティングの「Who（誰に）」の言語化

◉ ターゲットの設定

「Who（誰に）」で言語化するのは一言でいうと「ターゲット」です。

　一般的に、ターゲットを設定する場合は「40 代男性」「30 代主婦」などのような年代や性別、職業などの基本属性や、それに趣味などを加えて「釣りが趣味の 40 代男性」「美容グッズ好きな 30 代主婦」のように設定することが多いと思います。

　しかし、X（Twitter）（を含むオンライン集客）でのターゲット像は、このようなざっくりとした言語化では不適切で、より詳細な言語化が必要です。

　「釣りが趣味の 40 代男性」の場合を考えてみましょう。

■ ターゲット像を深堀りしていく

　「釣りが趣味」といっても、経験年数によって求めるモノ・情報はさまざまです。初心者ならまず釣り竿やルアーの選び方を知りたいと考えるでしょうが、何十年も経験がある上級者なら道具は一通り揃えているので技術的なことや最新情報を求めるかもしれません。またターゲットが川釣りか海釣りかでも知りたい内容は変わってきます。

　このようにターゲット像を深堀りしていくと、興味・関心事が大きく変わることが普通です。特に、オンライン集客ではニーズが細分化されているので、ターゲットを細かく分類する必要があります。

■ 細分化しすぎても逆効果

　一方で、細かく分類しすぎると、ターゲットの分母を減らしてマーケットを縮小してしまう危険性も潜んでいます。

　「釣りが趣味の 40 代男性」に加えて「足助川で釣りをする人」まで絞ったとしたらどうでしょうか。足助川とは愛知県にある川ですが、釣りをやる人でもその川を知っている人は少なく、その情報を知りたいと思う人はごくわずかと推測できます。

　これは極端な例ですが、ターゲットを絞りすぎてしまうと、マーケットが小さすぎて「フォロワーが増える」未来は想像しにくいと思います。

　ターゲティングとは「的を定める」ことですが「マーケットを縮小する」ことではないのです。

　つまり「『Who（誰に）』の言語化」では「ターゲットの解像度」と「マーケットのサイズ」の両方が大切で、筆者が行う X（Twitter）におけるターゲティング手法は、2 つのバランスを図りつつ言語化していく方法です。

　具体的には次の 3 ステップです。

● X（Twitter）におけるターゲティング手法

STEP1　「目的」を軸に考える
STEP2　ターゲットが存在するか確認する
STEP3　ターゲットがX（Twitter）を利用しているシーンを想像する

　この手順で「Who の言語化」を行うことで、ターゲットの解像度を高め、マーケットのサイズも確保していきましょう。

STEP1　「目的」を軸に考える

　筆者がこれまで相談を受けて、もっとも多かったターゲティングの失敗例が「ペルソナ」を決めることから始めてしまうケースです。

　ペルソナとは、ある 1 人の人物をイメージできるほどに、詳細にユーザー像を設定することで、次のようなイメージです。

● ペルソナの設定例

> ✚ ペルソナ：Aさん
> ● 男性
> ● 35歳
> ● 愛知県名古屋市在住
> ● 既婚（妻37歳）
> ● 子どもなし
> ● 職業は小学校教員
> ● マンションを購入済み
> ● 学生時代は野球部
> ● 最近、メタボ体型に悩んでいる

もし、このAさんに向けて「ダイエット情報」を届けるとしたら、次のような訴求になるでしょう。

> 子どもたちに囲まれた環境で働く、そこのあなた。そのポコっと出たお腹で、子どもたちと毎日走り回るのは大変ですよね。特に小学生の女の子はよく見ているので『先生、太った？』なんて言われて、余計に気になっていませんか？　そんなあなたに……

仮にあなたがダイエットを志す中年男性であったとしても、小学校の教員でないと「私の話じゃないな」と感じて見ないかもしれません。ターゲットが狭すぎて、反応率が極端に落ちてしまうことが容易に想像できます。

ペルソナを設定すると、確かにユーザー像が明確になります。そのため、商品のコンセプトをより具体的にできたり、開発メンバー間での認識の違いが出にくくなるなどのメリットがあるのは確かです。

しかし、**X（Twitter）メディアマーケティングでは、ペルソナの設定によってユーザー像を先に固めてしまうことになるので、条件をすべて満たすターゲット（市場）がどうしても狭くなります。**

ペルソナを細かく設定しすぎた例

ユーザー像	目的（悩み）	Who の言語化

・男性　・35歳
・愛知県名古屋市在住
・既婚（妻37歳）
・子どもなし
・職業は小学校教員
・マンション購入済み
・学生時代は野球部
・最近、メタボ体型に
　悩んでいる

お腹まわりを
痩せたい

愛知県名古屋市
に住む35歳の男性
・小学校教員

**ターゲットが狭すぎる
（マーケットが小さい）**

　アクセスを集めフォロワーを増やす必要があるのに、マーケットを狭めてしまっては本末転倒です。

　そのため、X（Twitter）集客でペルソナを設定するのは不向きです。3つの条件が重なった市場しかターゲットにならなくなってしまうからです。

すべての条件を満たした場合のターゲットゾーン（Aさんの例）

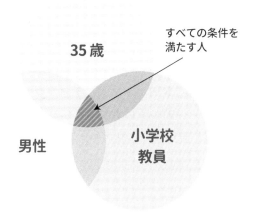

35歳

すべての条件を
満たす人

男性

小学校
教員

■「目的（悩み）」を軸にターゲットを考える

「Who（ターゲット）」は「**目的を軸に考える**」ことが正解です。

前述のペルソナであるAさんの「目的（悩み）」は「お腹まわりを痩せたい」です。この目的を達成したい人がどんな人かを想像してみてください。

Aさん以外にも、次のような人が同じ悩みを持っていると考えられます。

第2章

集客のための2W1Hの言語化

- 10代／女性／学生
  来月友人と海に行くので、水着を着るためにお腹まわりを痩せたい
- 30代／女性／事務
  彼氏にもらったスカートが履けなくなってしまったので、痩せたい
- 60代／男性／建設業
  健康診断でメタボと言われてしまったので、痩せないといけない

「お腹まわりを痩せたい」人は年齢も性別も職業もバラバラです。共通することは目的である「お腹まわりを痩せたい」ことだけです。

「ダイエット情報」を届けるならこの人たちすべてがターゲットとなりうるわけです。

「目的」を軸にした場合のターゲットゾーン

海水浴

お腹まわり
を痩せたい

ファッション　　　　**健康**

■ 条件が1つでも当てはまればターゲットになる
付加的ターゲティング

前ページの図のように、X（Twitter）メディアマーケティングにおける「Who（誰に）」は、条件が1つでも当てはまればターゲットとなる「**付加的ターゲティング**」の視点が重要です。

「海水浴に行く予定のある人 or 好きなファッションに合う体型になりたい人 or 健康面が気になる人」というように、**いずれかに当てはまればターゲットになる**ということから「or型」とも言われています。条件が増えれば増えるほどマーケットは大きくなるのが特徴です。

筆者のアカウントは「職場で尊敬されたい」という目的（＝悩み）を軸に考えました。「会社に勤める人」なら性別も年齢も職業も関係なく同じ悩みを持つ人がいるので、マーケットは十分であると考えられます。

この「目的」を軸にターゲットをイメージすると、次のようなユーザー像が浮かび上がってきました。

- スタートアップの経営者
- 日経新聞を毎日読む40代の部長
- リスキリングを考えている、入社3年目の社会人　　など

著者のアカウントのターゲットゾーン

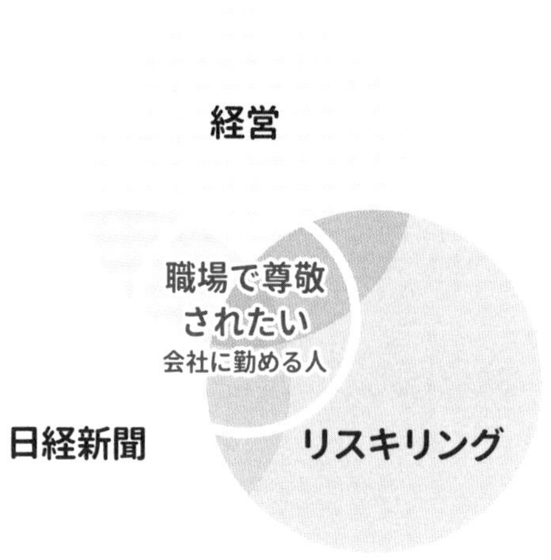

経営

職場で尊敬
されたい
会社に勤める人

日経新聞　　　リスキリング

　「付加的マーケティング（or 型）」の視点で考えれば、この人たちはみんな筆者のターゲットです。この中から 1 人に決めてしまっては、マーケットを狭めてしまいます。

　このことから、筆者のアカウントの「Who（誰に）」は「ビジネス意識の高い社会人」と言語化しました。

著者アカウントの「Who（誰に）」の言語化

　「Who（誰に）」を言語化した際に「まだ曖昧だな」と感じたときは、「性別」「年齢」「職業」などの属性で細分化しようとせず、軸となる「目的」で細分化するようにしてください。

　例えば、次のようなイメージです。

● 「目的」の細分化のイメージ

- 痩せたい
  - ⇩ どこを？
- お腹を痩せたい
  - ⇩ どのように？
- お腹を女性らしく痩せたい

「目的」を細分化してからユーザー像をイメージすることで、ターゲットの解像度を高めることができます。

「Who（誰に）の言語化」では先にユーザー像を固めるのではなく、「目的（悩み）」を軸にして「付加的マーケティング（or型）」の視点で、その悩みを持つユーザー像はどのような人なのかを考え、言語化しましょう。

STEP2　ターゲットが存在するか確認する

「目的」を軸に「Who（誰に）」を言語化できたら、実際にその人物がX（Twitter）に存在しているかをチェックしましょう。せっかく言語化したターゲットが「机上の空論」では意味がありません。

「ツイプロ」（https://twpro.jp/）というツールでチェックできます。

ツイプロ

https://twpro.jp/

ツイプロで想定したターゲットを確認する方法は次の通りです。

■ ツイプロでターゲットが存在するかを確認する方法

手順1　ツイプロ（https://twpro.jp/）にアクセスし、「職業で探す」または「趣味で探す」から、言語化した自身のマーケットを選択します。

手順2　選択したマーケットに属するアカウントが「フォロワー数の多い順」に表示されます。トップアカウントのフォロワー数が「10万人以上」であるかを確認します。

手順3　トップアカウントを除いて、フォロワー数が「1万人以上」のアカウントが「30名以上」いることを確認します。

手順4　フォロワー数が多いアカウント「上位10名」のフォロワーが伸びているかを確認します。

手順5　実際に投稿している内容をいくつか見て、エンゲージメントがついているかを確認します。

　以上のすべてを満たしている場合、十分な想定ターゲットがいる可能性が高く、ボリュームは問題ないと判断します。
　次に、マーケットの大きさが十分である場合と、マーケットが小さすぎる場合を例を挙げて解説します。

■ ターゲット例「キャンプを楽しむ人」

手順1　ツイプロで「趣味を探す」をクリックし、続いて表示された「趣味別検索」ページで「アウトドア」の「キャンプ」をクリックします。

ツイプロ 趣味別検索　🔔 検索　⚡ ログイン

Twitterユーザを趣味ごとに集計しています。機械的に処理されているため、ある程度間違って判定されている場合があります。

スポーツ(3,678,694)
野球(681,801) サッカー(565,146) フットサル(41,461) バスケットボール(24,886) ボクシング(24,818) バレーボール(121,887) 硬式テニス(15,642) ソフトテニス(61,887) ビリヤード(9,192) ダーツ(67,612)
もっと見る...

ゲーム(674,782)
テレビゲーム(6,330) オンラインゲーム(187,207) クロスワード(288) ジグソーパズル(772) トランプ(4,810) ボードゲーム(18,644) 将棋(29,955) 囲碁(8,953) 花札(1,382) ブラウザゲーム(812)
もっと見る...

演奏・音楽(826,609)
ピアノ(95,807) ギター(191,139) バイオリン(6,761) サックス(15,157) ゴスペル(2,663) 合唱(29,745) ウクレレ(8,116) エレクトーン(4,788) オカリナ(1,619) ガムラン(162)
もっと見る...

アウトドア(1,461,713)
キャンプ(78,707) ドライブ(111,755) エアガン(2,719) バードウォッチング(1,674) カイト(4,078) バイク(273,454) ラジコン(4,963) ガーデニング(23,472) 家庭菜園(11,395) 釣り(218,637)
もっと見る...

文化・芸術(876,469)
デッサン(2,429) 茶道(14,066) 油絵(4,450) フラワーアレンジメント(2,716) 刺繍(8,863) 日本舞踊(3,265) 水彩画(11,162) 水墨画(600) アクリル画(365) 写真撮影(11,722)
もっと見る...

知識・教養(569,084)
パソコン(52,791) TOEIC(21,227) 英検(9,583) ミリタリー(11,979) 読書(176,521) アマチュア無線(5,283) 絵画鑑賞(984) 美術館巡り(2,360) 競技かるた(3,813)

2.クリックします

手順2 トップアカウントのフォロワー数が「10万人以上」であるかを確認します。この場合は57.5万人だったのでOKでした。

手順3 フォロワー数が1万人以上のアカウントが30名以上いることを確認します。この場合は300名以上いたのでOKでした。

手順4　上位10名のフォロワーが伸びているかを確認します。

各アカウント名をクリックするとフォロワー数の推移が見られます。この場合は、問題ありませんでした（写真は筆者のアカウントの例です）。

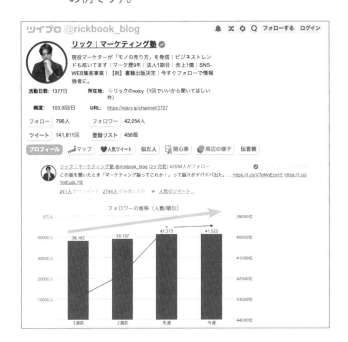

　注意が必要なのが、アカウントの中には「キャンプはサブ的な発信で、メインで異なる情報発信をしているためにフォロワーが多いアカウント」がいるということです。

　例えば「キャンプが趣味のアイドル」のアカウントは、キャンプの発信が良くてフォローされているというよりも、そのアイドルのことが好きなファンがフォローしていると推測できます。

　そのため、111ページの**手順5**「実際の投稿内容を見て、エンゲージメントがついているかを確認する」ことが必要になります。「キャンプ」について主要に発信していて、その投稿にエンゲージメントがついているかを確認するのです。

　「キャンプを楽しむ人」の場合はここもクリアし、十分な読者がいる可能性が高いと判断できました。

次に、ターゲットユーザーが十分でないケースを紹介します。

■ ターゲット例「水墨画がうまくなりたい人」

手順1 ツイプロで「趣味を探す」をクリックし、趣味別検索ページで「水墨画」を選択します。

手順2 トップアカウントのフォロワー数が10万人以上であるかを確認します。この場合は3.2万人だったので不適当でした。

手順3 フォロワー数が1万人以上のアカウントが30名以上いることを確認します。この場合は5名だったので不適当でした。

加えて、上位3アカウントは企業やメディア等のいわゆる「公式アカウント」であり、個人のアカウントではありませんでした。

手順4　上位10名のフォロワーが伸びているかを確認します。どのアカウントもフォロワー数はほとんど伸びていませんでした。

手順5　実際の投稿内容を見て、エンゲージメントがついているかを確認します。それぞれの投稿を見てもエンゲージメントはそれほど高くなく、アクセスを集めている様子はありませんでした。

　以上の結果から、X（Twitter）における水墨画のマーケットは小さく、「水墨画をうまくなりたい人」には十分な読者がいないと推測できます。

　もし「水墨画」に関するアカウントでマーケットを広げたいなら、「アート」や「イラスト」のようにカテゴリー（マーケット）を少し広げてターゲットを設定し直す必要があります。

　最近では「NFT」のマーケットが大きいので、その市場の中で水墨画作品をメディア的に広めていくという方向性も良いでしょう。

　このように、ツイプロというツールを利用して、ターゲット（Who）のボリュームを推測できます。ボリュームが小さい場合はSTEP1に戻って「Who」を設定し直し、再度ボリュームを確認するという作業を繰り返します。

STEP3

ターゲットがX（Twitter）を利用しているシーンを想像する

　「What（何を）」や「How（どのように）」の言語化へつなぐために、あなたが言語化した「Who（誰が）」が「X（Twitter）を利用しているシーン」を想像し、ターゲットの解像度を高めます。

　「ターゲットがX（Twitter）を利用しているシーンと言っても……」と少し困惑したかもしれません。しかし、このイメージは非常に重要です。

　特に「How（どのように）」の言語化に大きな影響を与えます。

　これを理解するために、次の「AIDAモデル（AIDAの法則）」の図を見てください。

AIDAモデル（AIDAの法則）

認知
(Attention)

興味・関心
(Interest)

比較・検討
(Desire)

行動
(Action)

AIDA モデルは、ユーザーの購買行動を表す代表的なファネル図です。

ユーザーは、商品やサービスを「認知（＝発見／ Attention）」したら、詳しく調べて「興味・関心（Interest）」を高めます。次に他の商品と「比較・検討（Desire）」を行い、最終的に「行動（＝購入／ Action）」します。

■ Google検索利用者はすでに検索意図がある段階

ユーザーが Google 検索で情報を調べている場合、AIDA モデルのどの段階にあるでしょうか。

答えは「興味・関心（Interest）」〜「比較・検討（Desire）」の段階です。これは、Google を利用している段階でユーザーに「**検索意図**」があるからです。

「痩せたい」と思って Google 検索を利用する人を推察しましょう。

「今すぐ　痩せる　方法」「痩せる　サプリ」のようなキーワードで検索していたり、目的の商品が決まっている人は「商品名　効果」で検索しているのが想像できます。

検索キーワードの違いはあっても、検索時に「痩せる情報」を見つけようとしているのがわかります。これが「検索意図」がある状態です。

Google 検索を利用している時点でユーザーのニーズは顕在化しており、それを膨らませている状態のため、Google 検索利用時は「興味・関心」〜「比較・検討」の段階にいると言えます。

AIDAモデルにおけるGoogle検索時の段階

■ X（Twitter）利用者は「認知」段階

次に X（Twitter）利用者を推察します。

X（Twitter）利用者の多くは、「通勤電車でなんとなく」「ランチをしながら」「暇だから」、「寝る前に」X（Twitter）を見る、という利用方法であることが推測できます。つまり積極的に「痩せる情報」を見つけようとしている人はほぼいません。

X（Twitter）利用の場合、ユーザーはなんとなく見ているだけで、そこには何かを見つけようとする「検索意図」はないのです。そのため AIDA モデルでいうと「認知（Attention）」の段階にあります。

もう少し具体的に推察してみましょう。

例えば、あなたのターゲットがサラリーマンであるとして、ターゲットが通勤電車に乗っているところをイメージしてください。

会社に着くまで30分、満員電車の中で立った状態で電車に揺られています。手にはスマホを持っていますがゲームをしていますね。次にインスタを見始めました……

実は、あなたの競合はタイムラインに流れてくる「あなた以外のツイート」だけではありません。ゲームやSNSなどの他のスマホアプリを利用したり、読書したりするなど、他の行為もあなたの競合となって会社までの30分間を奪い合っています。

AIDAモデルにおけるX（Twitter）利用時の段階

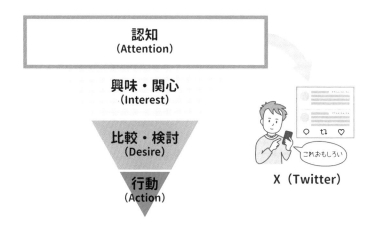

　つまり、ターゲットがX（Twitter）を利用しているのはどのようなときで、どのような状態で、どのような心理であるかを想像してツイートを発信することが、競合に勝つ近道です。

　筆者の場合はターゲット（「Who（誰に）」）は「ビジネス意識の高い社会人」です。ターゲットがX（Twitter）を見ている状況をイメージしたところ、「通勤電車の中」が想定できました。そこで、次ページのようなツイートで目が留まるように設計しています。

　「黒色の背景」「赤色の矢印」などがポイントで、多くのツイートが流れるタイムライン上でどうしたら目が留まるかを考えたクリエイティブです。

　また、通勤電車ではゆっくりとツイートを読む時間もありません。そのため、1分間読書のようにサクッと読めるようにしているのも、ターゲットがX（Twitter）を見る状況をイメージしたからこその設計です。

目に留まる工夫を施したツイート

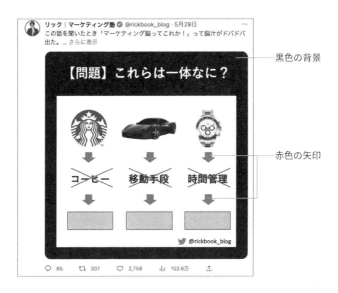

◉「Who（誰に）」の軸は「目的」

　「Who（誰に）の言語化」では、「目的」を軸にターゲットを想定し、ツイプラを用いて十分なターゲットのボリュームがあることを確認したうえで、ターゲットが X（Twitter）を利用する状況を想像して、解像度を高めていくことが必要です。

2-3

メディアマーケティングの「What（何を）」の言語化

◉「フォローするメリット（価値）」を言語化する

X（Twitter）メディアマーケティングにおける「What（何を）」を一言で表現すると、「読者に与える『情報の価値』」であると言えます。

筆者のX（Twitter）アカウントの「What（何を）」は「今日職場で話せるビジネストークネタ」です。このツイートは、部下や同僚と休憩時間に何を話そうかと悩んでいるターゲット（ビジネス意識の高い社会人）にとって、トークネタを提供する有益な情報源になっています。

この状態が読者にとって「メリット（価値）がある」と言えます。**フォローしてもらうためには、そのアカウントやツイートに「価値がある」と感じてもらうこと**が必須です。

自分自身を振り返ってみても、ツイートを見てメリット（価値）を感じないアカウントはフォローしませんよね。「What（何を）」が、読者（Who（誰に））にとって価値があり必要なものだからこそ、フォローボタンを押してもらえるのです。

そのため、「What（何を）」は、あなたのツイートを通じて読者に与える本質的な価値を言語化してください。次の手順で行うとうまくいきます。

STEP1　インサイト（本音）から言語化する
STEP2　「拡散の科学」に当てはまるかを確認する
STEP3　見逃したくない「何が（What）」であることを確認する

具体的に解説していきます。

STEP1　インサイト（本音）から言語化する

「What（何を）の言語化」に必要なことは、**ターゲットの「インサイト（潜在ニーズ）」を読み解くこと**です。

インサイトとはユーザーの本音です。この本音を読み解き、それを解決する「What（何を）」を設定することで、読者はあなたのツイートに価値を感じてくれます。

インサイトのイメージ

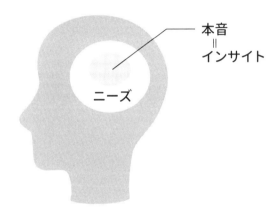

本音
＝
インサイト

ニーズ

■ インサイトを読み解く練習

簡単な事例でインサイトを読み解く練習をしてみましょう。

107ページで挙げた「お腹まわりを痩せたい人」のインサイトを考えます。

「お腹まわりを痩せたい」と思っている人をイメージしてください。

● お腹まわりを痩せたいと思う人のイメージ

- 来月友人と海に行って水着を着るために痩せたい女性
- 彼氏にもらったスカートが履けなくなってしまった女性
- 健康診断でメタボと言われてしまった人
- 40代になって体重が落ちにくくなった人
- 本格的に婚活を始め、彼女が欲しい男性　　　　　　　　　　など

　ターゲットユーザーのイメージができたら、彼らが本音（インサイト）ではどのように思っているか考えます。

　「痩せてかっこいいと思われたい！」「彼氏にかわいいと言われたい！」「健康になりたい！」と考えた人は考えが浅いと言わざるを得ません。これは、上記の人物像を見れば簡単に想像ができる、いわば顕在化されているニーズだからです。

　インサイトは本音なので、普段からそのようにつぶやいているわけではありません。「痩せてかっこいいと思われたい！」というニーズの奥で考えている本音を探る必要があります。

　筆者が考えるインサイトは次の通りです。

● 隠された本音の例

「痩せたいけど、運動するのはめんどくさい」
「忙しくて、ダイエットする時間はない」
「健康は気になるけど、おいしいものを食べたい」

　多くの人は「痩せたいけど、自分に負荷をかけたくない（嫌なことはしたくない）」のです。

　それなのに「1日30分がんばれば痩せるエクササイズ方法」「ダイエットするなら野菜を中心に食べよう」と言われても、そこまでがんばれない……と考えるでしょう。

　このインサイト（本音）を解決する「What（何を）」は「寝る前の3分でできるエクササイズ」「しっかり食べても痩せられるレシピ」などです。

■ ビジネス意識の高い社会人のインサイト

もう1つ、筆者のアカウントの事例でも解説します。

筆者のX（Twitter）アカウントの「誰に（Who）」は「ビジネス意識の高い社会人」でした。具体的には次のような人物像です。

● ビジネス意識の高い社会人のイメージ

- 職場で後輩ができた入社3年目の社会人
- 数名の部下を持つ上司
- 最近、ビジネス書籍で啓発された人
- 都内のベンチャー企業に就職したばかりの人
- Webデザイナー志望の新入社員　　　　　　　　　　　　　　　など

筆者がターゲット像になりきって考えた結果、次のような本音を導きました。

● ビジネス意識の高い社会人のインサイト

「周囲から尊敬の目で見られたい」

潜在的にいわゆる **「承認欲求」が高い属性** だと考えたのです。あなたの周囲にいるであろうビジネス意識の高い人を思い浮かべると、納得できるのではないかと思います。

では、周囲から尊敬を集めるにはどうしたら良いでしょうか。

尊敬される人のイメージはさまざまありますが、尊敬を受ける要素の1つに **「自分の知らない知識を持っている人」** があります。「尊敬は言いすぎだ」と感じる人がいるかもしれませんが、少なくとも「そんなことも知ってるんだ。すごいな」と「知的な人」であるという印象は持たれるはずです。

筆者のターゲット（ビジネス意識の高い社会人）にとって **「知的な人」** というのは非常に強いステータス** です。そのため、「まわりが知らない情報を持っている」ことが「尊敬されたい（知的に思われたい）」という本音の解決策（「What（何を）」）になります。

このように「What（何を）」を言語化するためには、「誰の（Who）」の本音（インサイト）を読み解く必要があります。しかし、人の本音は普段から口にするものではありません。

そのため、実際にあなたのターゲット人物像に近い人と話をしたり、SNSでやりとりをすることが、インサイトを読み解くヒントになります。

ターゲットの本音であるインサイトを読み解き、本音を解決する「What（何を）」を言語化しましょう。

STEP2　「拡散の科学」に当てはまるかを確認する

「What（何が）」が言語化できても、それでアクセスが集められなければ意味がありません。

X（Twitter）でアクセスを集めるためには拡散されることが必須です。「拡散」とはRTなどのエンゲージメントを獲得して、結果的にインプレッションを獲得することを意味します。

つまりX（Twitter）メディアマーケティングでは「どのような投稿がエンゲージメントを獲得できるか」を理解したうえで、発信するコンテンツの内容（「What（何を）」）を決めることが適切です。

「#拡散の科学」

https://marketing.twitter.com/content/dam/marketing-twitter/apac/ja/insights/kakusan/kakusan.pdf

言語化した「What（何を）」が適切かどうかの判断には、X社が公開する

「# 拡散の科学」というレポートが活用できます。いわゆる「バズツイート」を分析して、その傾向から「拡散の仕組み」をまとめたものです。

「# 拡散の科学」によると、次の6つの**熱量伝播**によって読者の感情が動くとツイートが拡散されます。

● 6つの熱量伝播

1：「直感」で拡がる　2：「知識」で拡がる　3：「主張」で拡がる
4：「納得」で拡がる　5：「声援」で拡がる　6：「欲求」で拡がる

この6つの熱量伝播をわかりやすく言い換えると、次の図の通りです。

例えば、「2：知識で拡がる」は「この情報をみんなに知ってほしい」と読者の感情が動いた場合に拡散される（エンゲージメントを獲得する）ということになります。

拡散される6つの熱量伝播の言い換え表

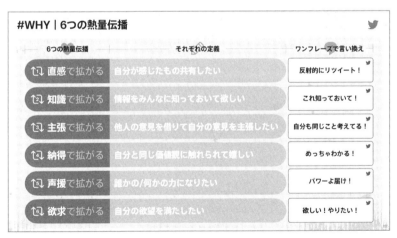

https://marketing.twitter.com/content/dam/marketing-twitter/apac/ja/insights/kakusan/
kakusan.pdf　155ページ

さらに「拡散したい！」というユーザーの「感情」を分解すると、次の「16の熱量」に分けられます。

拡散される6つの熱量伝播と16の熱量

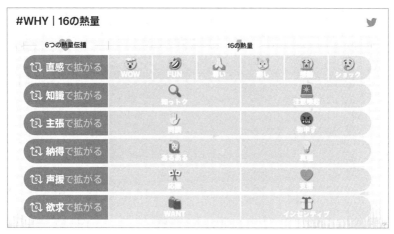

https://marketing.twitter.com/content/dam/marketing-twitter/apac/ja/insights/kakusan/
kakusan.pdf　156ページ

　「2：『知識』で拡がる」で拡散したツイートは、読者が「この情報をみんなに知ってほしい！」と感じたため拡散しました。そのときの感情は「いいこと聞いた！」（知っトク）と感じたケースと、「これは知っておいたほうがいい。知らないと危険！」（注意喚起）と感じたケースの2つに分けられるということです。

　これをツイートに逆算して応用します。例えば、「これは知っておいたほうがいい（注意喚起）」と思えるような「知識」を盛り込んだツイートが、エンゲージメントを獲得しやすくなるわけです。

　次のツイートはこの考え方を元に作った実例です。

知っておいたほうがいい「知識」を盛り込んだツイート

 リック｜マーケティング塾 ✓ @rickbook_blog · 2022年11月9日　···

あの家電メーカー「バルミューダ」の衝撃...。なんと今期最終利益が、たった200万円らしい。前年比99.8％減というヤバさ。というのも、製品を海外で作って、日本で売るってモデルだから、円安のダメージが大きすぎた。それにしても円安...マジで笑い事じゃなさすぎるぞ。こういう話は知られるべき。

💬 257　　🔁 8,788　　🤍 3.2万　　📊　　↥

バルミューダの決算を例に、円安の脅威に関する「知識」を提供して「注意喚起」をしました。結果は 8,700 を超える RT と 3.2 万のいいねが付き、エンゲージメントを獲得しています。

「# 拡散の科学」の分析を利用するメリットは、このように逆算してツイートの設計ができることです。逆算して設計したツイートがすべてバズるわけではありません。しかし、何も方針やヒントがない状態から作るよりも、拡散される可能性は高まります。

ゆえに、言語化した「What（何を）」（それをもとに作成したツイート）が「拡散される 6 つの軸とその 16 の熱量」に当てはまるかどうかが、アクセスを獲得するためには必須であると言えます。

「# 拡散の科学」を活用した具体的なツイートの作り方は、第 4 章で解説します。

STEP3
見逃したくない「何が（What）」であることを確認する

第 1 章の 1-8（93 ページ）で、フォローされるには「見逃したくない」と感じさせることが重要であると解説しました。

ここでは、「ターゲットの『見逃したくない』を満たす「何が（What）」のチェック項目を解説します。

チェック項目は次の 5 つです。基本的にこれらを満たせば、「見逃したくない」と思わせる設計になっていると考えて問題ありません。

● ターゲットの『見逃したくない』を満たす「何が（What）」のチェック項目

> あなたが言語化した「何が（What）」は
> ❶ 毎日のように需要があると言えるか
> ❷ その需要にあなたの思い込みはないか
> ❸ 他のアカウントにないメリットを感じるか
> ❹ 他のアカウントよりメリットを感じるか
> ❺ 他のアカウントより付加価値があるか

❶毎日のように需要があると言えるか

「恋愛系アカウント」を運用しているとしたら、次の A と B のどちらが需要を獲得できるでしょうか。

ターゲット（Who）は、好きな人がいる人や彼女を作りたい人です。

> A：女性を虜にする心理術5選
> B：マッチングアプリで「返信が来る1通目」の内容とは？

正解は B です。なぜなら「すぐに試せる」からです。

人によってはどちらも需要がありそうと感じたかもしれません。しかし、A はその心理術が使えるシチュエーションでないと実践できません。そのため、使うタイミングが来なければ「そうなんだ」で終わってしまいます。

一方で B の場合は「メッセージを送る」とシチュエーションが決まっています。使用場面を考える必要がなく、「メッセージを送る」タイミングは毎日のようにあるのですぐに試せます。

そのため B は A に比べて需要が高いうえ「明日もやってみたい！」という気持ちが高まります。

料理系アカウントが紹介する「レシピ」も同じです。材料から作り方まで書いてあり「すぐに試せる」ため需要が高くなります。

さらに、レシピの中でも拡散されている（需要が高い）のは、電子レンジだけで作れたり、フライパン1つでできたりといった、誰でも簡単にできるものです。

高級フランス料理のレシピは今すぐ試せず、需要は伸びません。毎日のように需要がある「何が（What）」の特徴は「すぐに試せる」ことです。

筆者の What も「今日職場で話せるビジネストークネタ」なので、「今日話せる＝すぐに試せる」になっています。

あなたが言語化した「何が（What）」が、毎日見たいと思うものであるかを確認しましょう。

❷その需要にあなたの思い込みはないか

その需要が市場（Twitter）にあるのかをチェックします。

よくある間違いは、X（Twitter）の特徴を忘れて Google などの他の媒

体と同じように考えてしまうことです。

例えば「投資家アカウント」の場合、ターゲットが「これから投資を始める人」だとしたらどんな「What（何を）」を提供するでしょうか。

多くの人は「投資の基本知識を提供します」と答えそうです。ターゲットは初心者なので「基本知識」を知りたいと想像します。現にX（Twitter）でそのような発信をしている人はたくさんいます。

しかし、実はX（Twitter）上には「投資の基本知識」を知りたい読者はほぼいません。「これから投資を始めよう」と思っているユーザーは、Google検索やYouTubeで「投資の基本知識」について調べるからです。117ページで解説しましたが、タイムライン形式のX（Twitter）で、調べたいことを探す人（検索意図がある人）はほとんどいません。

X（Twitter）の特徴は「速報性」と「拡散性」です。この特徴を忘れてしまうと、上記のような思い込みをしてしまいます。

X（Twitter）上では鮮度が高い情報が好まれます。投資であれば「値動き」や「それに対するコメント」「実際の取引情報」などです。実際、投資系アカウントで影響力がある人はそのような投稿をしています。

「X（Twitter）上で需要があるか」という視点で思い込みがないかを確認してください。

❸他のアカウントにないメリットを感じるか

言語化した「What（何を）」に、あなたにしかないメリットを感じられるかどうかをチェックします。これをクリアすると、たとえ強い競合がいたとしても負けずに需要を獲得できるからです。

逆に言えば、ここをクリアできない場合は競合に顧客をとられてマーケットが縮小する恐れがあり、「What（何を）」を変更する必要に迫られます。

ターゲットが「Webデザイン未経験者〜初学者」である「フリーランスのWebデザイナー」アカウントを例に解説します。

「What（何を）」が「デザインのコツ」である場合、Webデザインスクールを運営する実績も権威性もあるアカウントが競合となり、勝てる見込みが薄いことが推測できます。

この場合、筆者であれば「1件20万円のLP制作。PC画面をまるっと1日フル公開してみた」というテーマで発信します。ツイートに作業画面の録画（動画）を添付して、「フリーのWebデザイナーのリアルを毎日お届

けしています」などと添えて投稿するのです。

　大事なのは「動画」で投稿することではありません。「1 件 20 万円の LP 制作のリアル（What）」を届けることに価値があります。読者にとって「未知の情報」へアクセスできることに、メリットを感じるわけです。

　YouTube で「寿司職人が寿司を握る手元を写した動画」や「鮭が泳ぐ川の中の様子を写した動画」などの需要が高いのは同じ理由です。みんな、知らない世界を知りたいから再生回数が伸びるのです。

　「What（何を）」を「1 件 20 万円の LP 制作のリアル」と言語化することで、競合の「Web デザインスクールを運営するアカウント」とは別の価値を届けることになります。それによってあなたの投稿を読むメリットを感じてもらえるようになります。

　さらに、Web デザインに興味がなくても「フリーランスがどのように稼いでいるのか」を知りたいフリーランス志望者や他業種のフリーランスにもリーチできます。

　マーケットを縮小することなくむしろ拡大し、他のアカウントにはないメリットを提供できるようになるというわけです。

　競合との競争から脱却するためにも、他のアカウントにはないメリット（価値）を言語化しましょう。

❹他のアカウントよりメリットを感じるか

　❸で「他のアカウントにはないメリット」について解説しましたが、これはハードルが高いと感じた人も多いかもしれません。

　もしそこまでのメリットを見つけられなかった場合は、「他アカウント『よりも』メリットを感じられる」という方針でも構いません。

　「フリーランスの Web デザイナー」でもう一度考えます。「1 件 20 万円 LP 制作のリアル」を「What（何を）」に設定したものの、競合が似たようなテーマで動画訴求していたとします。その場合、競合の発信の特徴を分析してください。

　分析した結果、競合の発信の特徴が「YouTube で発信するような長尺の動画」と判断したら、あなたは「ポイントをまとめた短い動画」で発信すれば競合よりもメリットを感じてもらえるでしょう。サクッと見られることがあなたの価値となれば、「What（何を）」を変更しなくても成り立ちます。

　「What（何を）」での完全な差別化が難しい場合は「How（どのように）」

（どのように届けるか）も含めて検討します。他のアカウントよりもメリットが感じられるように設計できれば「見逃したくない」理由になり得ます。

❺他のアカウントより付加価値があるか

「**付加価値**」とは実績や経験から作られる権威性のことです。権威性があると発信する情報に価値を上乗せできます。

グループ年商 100 億円のヘアサロンを経営するオーナーが、美容やヘアカットに関するテクニックやサロン経営に関する情報を発信していたら、それだけで価値があります。インターネットや SNS がなかった時代は、権威性の高い人が発する情報に直接アクセスすることは難しかったので、なおさらです。

筆者の場合、職歴 10 年目の現役マーケターの視点で「ビジネスネタ」を提供しているからこそ、付加価値があります。法人 1 期目で年商 1 億円を達成した実績を持つからこそ、発信する情報に価値があると思ってもらえています。

権威性であなたの「What（何を）」の価値を高めて「見逃せない」と思ってもらうことが理想です。経験や実績はあればあるほど価値がプラスされるので、あなたの権威性を探してみてください。

「そんな大きな実績はない」と言う人も、安心してください。「経験」はすべて武器になるからです。

前述の「フリーランスの Web デザイナー」の事例でも、「1 件 20 万円の LP 制作」という経験は「LP 制作をまだ数件しかやったことがない」人よりも権威性があります。

このように、他のアカウントと自身の違いに目を向けて付加価値を高めましょう。

● まずはターゲットの解像度を高める

「『What（何を）』の言語化」について詳しく解説しました。

つまずく場面があった場合は、「Who（誰に）」の言語化へ戻ってターゲットの解像度を高めることで、当初とは違ったインサイトが見えてくることがあります。「What（何を）」だけに固執せず、少しひいた目線でどこに改善すべき点があるのか考えてみましょう。

2-4

メディアマーケティングの「How（どのように）」の言語化

● ターゲットによって伝え方が変わる

　本節では、ここまで言語化してきた「Who（誰に）」へ「What（何を）」を「How（どのように）」に届けるかを言語化します。

　「How（どのように）」は、次のようなことを言語化する作業です。

● 「How（どのように）」の言語化

- どんな文章なら伝わるか
- どんな表現なら伝わるか
- メディアを使ったほうが伝わるのか

　これらをツイートで行います。「価値のある情報」を「What（何を）」で言語化できても、伝わらなければ価値がないのと同じです。

　「新聞」を想像してください。新聞のニュース情報量は膨大です。あらゆる分野の情報が掲載され、網羅性も抜群で価値のある媒体と考えられます。新聞に慣れ親しんだ世代（特に高齢者世代など）にとっては、新聞は情報源であると同時に権威性・信頼性の高いメディアでもあります。

　しかし、子どもにとってはどうでしょう。多くの子どもにとって紙面いっぱいの情報量は苦痛です。しかも白黒の紙面でアクセントも少なく、情報処理能力が追いつきません。もしかしたら大人でもそうかもしれません。

　このように、同じ情報でも受け取る人によってその価値は変わります。だからこそ、ターゲットに合わせて「How（どのように）」を伝えるかを設

計することが重要です。そこを失敗すれば、どんなに有益な情報も価値がなくなる恐れがあります。

　X（Twitter）でも、あなたのターゲットに合わせて「What（何を）」をどのように届けるかを設計しなければ、X（Twitter）メディアマーケティングは機能しません。次の2ステップでターゲットに合わせた伝え方（How）を設計していきましょう。

> STEP1　ユーザー起点で考える
> STEP2　X（Twitter）を利用しているシーンで考える

STEP1　ユーザー起点で考える

　「How（どのように）」の言語化で重要な視点は「What を Who にどう**伝える**のか」ではなく「どうしたら Who に What が**伝わる**のか」です。

「伝える」と「伝わる」

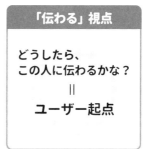

「伝える」視点	「伝わる」視点
この情報を どう伝えようかな？ ＝ 情報起点	どうしたら、 この人に伝わるかな？ ＝ ユーザー起点

　この視点を言い換えると、「伝える」というのは「情報起点」（発信側からの見方）の考え方である一方、後者の「伝わる」というのは「ユーザー起点」（ユーザー側からの見方）であると言えます。

■ 情報起点とユーザー起点の違い

　「オフィスチェア」を訴求する例で説明します。
　次の場合、A が「情報起点」で B が「ユーザー起点」の伝え方です。

● 情報起点とユーザー起点の違い（オフィスチェアの場合）

> A：人間の身体構造から、緻密に設計されたチェアです。
> B：このチェアなら、もう腰痛を引き起こしません。丸一日デスク
> 　　ワークができます。

同じオフィスチェアの説明ですが B のほうが訴求力が高く感じられます。
　A はオフィスチェアのメリットを表現していますが、「あなたにとって何が良いのか？」が伝わっていません。B はオフィスチェアのメリットをユーザーの利益（ベネフィット）で伝えています。自分がオフィスチェアを買った後の未来（ビジョン）を想像できるので魅力的に感じるのです。
　「ユーザー起点」で表現することで「伝わる」設計が可能になります。

■ 問題形式の発信

　筆者は「ビジネス意識の高い社会人（Who）」に対して、「今日話せるビジネストークネタ（What）」を届けています。その際「問題形式（How）」で発信する場合があります。
　問題形式なので、ツイートでは「問い」と「答え」を伝えれば成立しますが、筆者はそれに加えてマーケター視点での「深い解説」も一緒に記載しています。これもユーザー起点で考えた、伝わる設計の 1 つです。
　筆者のターゲットは、ツイートから得た知識を部下や同僚に話したいと考えている人です。そのため、「これ知ってる？」「答えは●●だよ」の後に、相手から「なぜですか？」と聞かれてその理由を答えられなければ会話は続きませんよね。また、この状態ではターゲットの本音である「尊敬されたい」も満たされません。
　解説があるから「今日の朝礼で話そう」「今日のランチのときに後輩に話してみよう」というビジョンを描けるのです。このビジョンを描けてはじめて、ターゲットに伝わったと言えます。

ビジョンを伝える料理動画

　同様に伝わる設計をしている事例が、TikTok でよくある「料理動画」です。最後に「笑顔で食事をするシーン」が入っている動画が多いのは「実際に料理を作って振る舞った結果、おいしそうに食べてもらえる」という

ビジョンを見せています。だから「今夜、家族に作ってみよう」「週末に彼氏と食べよう」とターゲットに感じさせ、ブックマークをしたくなります。

　伝わる設計はヒットコンテンツには必ず埋め込まれています。これらを参考にしながら、「どうしたら、あなたの What が Who に伝わるか（How）」を策定してください。ポイントは「ユーザー起点」で考えることです。

STEP2　X（Twitter）を利用しているシーンで考える

　「Who（誰に）」の設計では、ターゲットが「X（Twitter）を利用しているシーン」をイメージして解像度を高めました。

　How の設計では「X（Twitter）を利用しているシーン」を思い描いたまま、言語化するのが望ましいです。

　ターゲットが主婦である場合、主婦が X（Twitter）を利用している状況を考えてみましょう。

● 主婦がX（Twitter）を利用している状況

> - 朝、子どもたちが起きてくる前に
> - 仕事の合間のランチ中に
> - 家族が寝静まった後に

　このときの主婦の状態をもう少し詳しく考えると、例えば朝は子どもたちの朝食の準備をしながらバタバタと X（Twitter）を見ているでしょう。そのため、最新のニュースをささっと見ているくらいかもしれません。

　仕事の合間のランチ中では、きっと頭はまだ仕事モードでしょう。そのため、何か学びのある情報が目に留まりやすくなりそうです。

　家族が寝静まった後は、リビングで一人、まったりタイムです。気持ちにも余裕が出る時間は、ゴシップネタについ目がいってしまいそうですね。

同じユーザーでも状況によって求める情報が変わる

　同じ主婦でも時間帯や場所、状況によってその心情が変わります。だから、あなたのターゲットが X（Twitter）を利用しているシーンを思い浮かべながら「How」を言語化することが大切で、その状態に合わせて設計しなければ、あなたの What が価値のないものになりかねません。

筆者の「Who＝ビジネス意識の高い社会人」の例で、もう少し具体的に設計方法を解説します。

　筆者のフォロワー層はビジネスマンが多く、反応率は特に「朝の時間帯」が高いのが特徴です。そのため、筆者のターゲットは朝にX（Twitter）を利用することが多いと考え、利用シーンをイメージしました。

● ビジネスマンが朝にX（Twitter）を利用しているシーン

- 朝食を食べながら
- 通勤電車の中で
- 会社に着いて一息つきながら

　場所や状況は違いますが、共通しているのは「時間制限」があることです。朝食時なら家を出る時間が迫っています。通勤電車の中なら到着時間が迫ってきます。会社に着いた後は始業時間が迫ってきますよね。

　筆者のターゲットは限られた時間の中でタイムラインを眺めているので、ぱっと目に留まらなければ読み飛ばされてしまうと想定しました。そこで、画像投稿では「黒の背景」や「赤色の矢印」を入れて、文字が多いタイムラインの中でアクセントを作り、目に留まりやすい設計をしています。

　参考に、筆者が行っている工夫を事例で紹介します。

目に留まりやすい画像の事例１

このツイートの主な工夫は次の2つです。

- ペンの傾き
- 「× 日本」「○（空欄）」と記載

「ペンの傾き」は、タイムラインが縦型スクロールのため、ペンを垂直方向に配置すると目を留めにくく、何かわからないままに読み飛ばされてしまう可能性が高いです。そこで、あえて「斜め」に配置することで、アクセントとして機能させるだけでなく、すぐに「ペン」だと認識できるようにしました。これが、読者の「認知（＝発見）」を獲得するための工夫です。

また、画像に「× 日本」「○（空欄）」と記載したのは、空欄には何が入るんだろう？と思わせ、読者の「興味」を高める設計をしたのです。

◉ 発見➡興味の設計

ツイートの情報量は多くても少なくても、どちらでも構いません。大事なのは、「発見➡興味」の設計ができていることです。

あなたのターゲットがどのような状況で Twitter を見ているかをイメージして、その状況の人の目に留まり、興味を高めてもらうにはどうしたらいいかを How で設計しましょう。

「How の言語化」では、ターゲットがあなたの What に価値があると感じてくれるように設計する必要があります。What 自体に価値はあるのに、うまくエンゲージメントを獲得できていない場合は、それが伝わっていない可能性があります。ユーザー起点で伝わる設計を見直しましょう。

◉ 人物像を想像して言語化する

第2章では「2W1H」の言語化について詳しく解説しました。

「Who」「What」「How」それぞれで言語化のポイントはありますが、大事なのは、「人物像を思い浮かべ、その人の視点で考えること」です。

あなたのメリットがそのままターゲットのメリットにもなるとは限りません。ターゲット（Who）にとって「価値のある情報（What）」であり、それがターゲットに「伝わる（How）」ように設計してください。

『 メディアマーケティング 「2W1H」の言語化 』

「Who（誰に）」のチェック	チェック
ターゲットを目的軸で言語化したか？	☐
ターゲットを絞りすぎてマーケットサイズが小さくなっていないか？	☐
ツイプロを使用してマーケットサイズを確認したか？	☐
同ジャンルのトップフォロワーは「10万人以上」だったか？	☐
同ジャンルのフォロワー1万人以上のアカウントは「30名以上」いたか？	☐
同ジャンルの上位10名の直近のフォロワー数は増えているか？	☐
同ジャンルのインフルエンサーはエンゲージメント率が高いか？	☐
ターゲットはどんな状態でXを開いているか、イメージできるか？	☐

「What（何を）」のチェック	チェック
ターゲットのインサイト（本音）を言語化したか？	☐
そのインサイトを解決するWhatになっているか？	☐
つまり、言語化したWhatに「情報の価値」を感じるか？	☐
言語化したWhatは「拡散の科学」に当てはまるか？	☐
Whatは毎日のように需要がありそうか？	☐
その需要に「あなたの思い込み」はないか？	☐
そのWhatに他のアカウントにないメリットを感じるか？	☐
または、他のアカウント以上のメリットを感じるか？	☐
あるいは、他のアカウントにない付加価値があるか？	☐
つまり、ターゲットにとってフォローするメリットのあるWhatか？	☐
結果的に、ターゲットにとって「毎日見逃したくない情報」がWhatになっているか？	☐

「How（どのように）」のチェック	チェック
ユーザー起点の「伝わる」Howになっているか？	☐
ユーザーがXを開いているシーンに合ったHowになっているか？	☐

第 **3** 章

フォローされる
アカウント
設計

2W1Hの言語化が完了したら、X（Twitter）アカウントの設計に
入ります。
X（Twitter）のアカウントは「アカウント名」「アイコン」「ヘッ
ダー」「プロフィール文」の4つで構成されており、それぞれの
設計ポイントについて詳しく解説していきます。

3-1

メディアマーケティングの 観点でアカウントを設計する

◉ フォローされる要素をアカウントに盛り込む

2W1H の言語化が完了したら、アカウントの設計に入っていきます。

第1章で解説した「フォローに影響する要素」をアカウントに盛り込んでいく作業です。

X（Twitter）アカウントは、次の4つの要素から成り立っています。

アカウントの4つの構成要素

● X（Twitter）アカウントの構成要素

> ● アカウント名
> ● アイコン
> ● ヘッダー
> ● プロフィール文

　X（Twitter）アカウントの構成要素は、フォローされる際の判断材料になります。

　アイコン画像に一目惚れしてフォローしたということは、0%ではありませんがごく稀です。恋愛でも、顔だけでなく性格やファッション、人柄などさまざまな要素で付き合うかどうかを決める人が多いでしょう。

　ツイートを見て「いいね」をするのは反射的でも、X（Twitter）アカウントをフォローする場合は、アカウントの構成要素も考慮して決まります。

　ツイートがあなたとの会話なら、アカウントはあなたの基本情報や背景。いくら話がおもしろくても趣味が合わないな……と感じたらマイナスに働きます。逆に「出身地が同じ」というだけで印象がプラスに働くこともあるはずです。アカウント（基本情報）がうまく設計できれば、ユーザーがフォローする後押しをしてくれます。

　アカウントは「とりあえず」ではなく、マーケティング視点で設計しましょう。次の4つの観点で設計のポイントを解説していきます。

● X（Twitter）アカウント設計のポイント

> ❶アカウント名は「3つのポイント」を意識する
> ❷アイコンは「キャラクターマーケティング」で設計する
> ❸ヘッダーは「非助成認知」を獲得する
> ❹プロフィール文は「MAC テンプレ」で整える

3-2

アカウント名は「3つのポイント」を意識する

● アカウント名はマーケティングに重要な要素

　X（Twitter）アカウントの設計の中でも、アカウント名はもっとも「なんとなく」決めてしまいやすい部分です。

　しかし、ビジネスでX（Twitter）を活用するならアカウント名はあなたの「会社名」にあたり、重要な要素です。その理由は明確に3つあります。

● X（Twitter）アカウント名が重要な理由

❶指名検索を取りこぼさないため
❷印象的な名前で覚えてもらうため
❸どんなアカウントかを理解してもらうため

❶指名検索を取りこぼさない

　「**指名検索**」とは「会社名」「ブランド名」「商品名」などで検索することで、X（Twitter）ではアカウント名で検索されることがこれにあたります。

■ 指名検索は検索意図が非常に高い

　例えば、Web検索で「掃除機」を探す場合は「掃除機　オススメ」「掃除機　軽い」のようにまずは検索します。どんな掃除機があるのかを調べ

て、欲しい商品を絞り込むのです。次に、目星がついたら欲しい掃除機の情報を調べます。「ダイソン　〇〇」のように「商品名」で検索して価格や口コミを調べ、購入機種を決定する作業です。

　商品名で検索している段階（指名検索）は、ユーザーの購買意欲（検索意図）が非常に高い状態です。それなのに、欲しい商品の情報が出てこなければ購買意欲は低下。購入をやめてしまったら、機会損失です。

　これを X（Twitter）検索に置き換えると、あなたのアカウント名で検索したのに、検索結果に表示されていない状態です。アカウント名で検索するユーザーはあなたへの関心が高く、フォローしてくれる可能性も高い。それにもかかわらず、検索してアカウント名が出てこなければ、そのユーザーを取りこぼしてしまいます。

　それゆえ、指名検索されたときに表示されるようなアカウント名にすることが大切です。

　筆者の場合、「リック」と指名検索すると次のように表示されます。

X（Twitter）で「リック」と検索した場合

● 検索候補

● アカウント検索

日本名（英字のアカウントを含まない）では検索候補のトップに表示されます。アカウント検索でも、100 万フォロワー超えの海外アカウントに混ざって、筆者のアカウントが表示されています。もちろんこれは偶然ではありません。こうなるように設計しました。

　具体的には、筆者が X（Twitter）アカウントを決める際、同じように「リック」と検索しました。そのときは、日本には何万とフォロワーを抱える「リック」というアカウント名はありませんでした。

　そのためこの名前で影響力をつければ、1 万フォロワーを達成するころには指名検索でトップを狙えるのではと推測したのです。結果的にその通りになりました。

　アカウント名の候補が挙がった段階で、一度 X（Twitter）でアカウント検索をしてください。そして、ライバルアカウントの詳細を確認しましょう。もし、数万フォロワーを抱える同名アカウントがたくさんいる場合は、アカウント名を再考したほうが良いでしょう。

　X（Twitter）アカウント名は、大きな転換期がない限り使い続けます。アカウントが成長した未来も考えて設計することが大切です。

❷印象的な名前で覚えてもらう

　アカウント名はユーザーの印象に影響を与えます。覚えやすいほど指名検索にもつながり有効です。

　アカウントの特徴をうまくアカウント名にした好例を紹介します。

　「ためるん（@tamerunnn）」（https://twitter.com/tamerunnn）さんは「お金を『貯める』」をもじってつけられたアカウント名です。アイコンと相まって、主婦が「お金の貯め方などに関する情報」を発信しているアカウントだと連想できます。何を発信しているかをイメージできるので、覚えやすいですよね。

　「メルカク | 副業の先生（@merukaku）」（https://twitter.com/merukaku）さんは、メルカリを利用した副業に関する情報発信をしています。すぐにそれが伝わりますよね。

　このように何かをもじってネーミングをすることは、商品名をつける場合にもよく使う手法です。

　小林製薬の「糸ようじ」という商品は「爪楊枝」をもじってつけられた

名前です。名前を聞いただけでどんな商品かを想像できます。一般的には「デンタルフロス」と呼ばれるものですが、その名前では「糸ようじ」ほどイメージが伝わりません。

　あなたの発信内容をうまくもじってアカウント名をつけると、印象付けしやすく、覚えてもらいやすいためお勧めです。アカウント名に特別なこだわりがなかったり、他に良案がない場合は検討してみてください。

❸ どんなアカウントかを理解してもらう

　アカウント名では、名前を覚えてもらうとともに「どんなアカウントか」がすぐにわかるとインプレッションの獲得やフォローにつながります。

　前述の発信内容をもじってアカウント名をつけるのもその1つですが、すでに発信を始めている人でも簡単にできる方法が、アカウント名に「**肩書き**」を入れることです。

　アカウント名に肩書きを入れることで「どんなアカウントか」が一目でわかり、ユーザーの行動につながりやすくなります。例えば、アカウント名に「Web デザイナー」とあれば、デザインに関心がある人や勉強中の人はそのアカウントに関心を持ってくれる可能性が高くなるでしょう。

　さらに、肩書きにキーワードを入れることで、X（Twitter）アルゴリズムのアカウント分類においても評価を受けることができます。

　筆者のアカウントで見てみましょう。

特徴やキーワードを入れる

名前の後に「マーケティング塾」と入れています。一目で、マーケティングを学べるアカウントだと認識してもらえるのではないでしょうか。

　それだけでなく「マーケティング」というキーワードがX（Twitter）アルゴリズムで評価されているので、「マーケティング」で検索すれば筆者のアカウントが表示されます。

キーワードを入れると検索にヒットしやすくなる

　アカウント名に肩書きを入れることで、読者にどんなアカウントかを伝えられるだけでなく、X（Twitter）アルゴリズムに自身のジャンルを明確に伝えることができ、見込み客へリーチできる可能性が高くなります。

　なお「デザイナー」「ライター」「プログラマー」といったよくある肩書きは特徴が伝えきれず、他の同業アカウントと紛れてしまいます。「あなたが何を得意にしているか」を明確にすると印象付けしやすくなるので、お勧めです。

3-3

アイコンは「キャラクター マーケティング」で設計する

● アイコンは、アカウントの第一印象を決める 重要要素

アイコンは、アカウント名とともに最初にユーザーの目に触れるものです。そのため、アカウントのイメージを印象付ける大きな要素と言えます。

X（Twitter）プロフィールのアイコン

アイコン設計には「**キャラクターマーケティング**」の考え方が有効です。

キャラクターマーケティングとは、「キャラクター」を用いて商品やサービスをアピールするマーケティング手法です。販売促進やブランディングにキャラクターを使用することで、競合他社との差別化を図ることが期待できます。

もっともわかりやすいキャラクターは、アニメやマンガの主人公です。他にもご当地キャラや企業独自のキャラもブランドに貢献しています。ご当地キャラは「くまモン」や「せんとくん」、企業独自のキャラはリクルート社の「スーモ」、ローソンの「ローソンクルー♪あきこちゃん」などが有名です。

「くまモン」はかわいいイメージが人気ですし、「せんとくん」はそのシュールな雰囲気が好評です。**ブランドや商品にどのような印象を持たせたいかによってキャラクターの作り方は変わります。**

この考え方を X（Twitter）のアイコンにも展開してみましょう。

◉ ターゲットにどのような印象を与えるか

筆者のアカウントの場合、「マーケティング」というビジネス領域の発信であり、見込み客には個人の方だけでなく、「法人」もいます。そのため、イラストアイコンで親しみやすさを伝えるよりも、「できるビジネスマン」の印象付けをするほうが適切と判断し、実写アイコン（自身の写真を使ったアイコン）を採用しました。

読書系アカウントならイラストアイコンに本を持たせたり、筋トレ系アカウントなら「鍛え抜かれた上半身」を見せる実写アイコンにするなど、「ターゲットにどんな印象を与えたいか」を軸に、アイコンを設計してください。

3-4

ヘッダーは「非助成認知」を獲得する

◉ アイキャッチでイメージを湧かせる

　ヘッダーは、プロフィールページでもっとも目に留まる箇所です。アカウントの「アイキャッチ」と言えます。

X（Twitter）プロフィールのヘッダー

現役マーケターが
つぶやく

「売り方」のアイデア。

ヘッダー

　例えば、ブログでもアイキャッチは重要な要素です。ブログ記事の冒頭に掲載されたり、SNS で記事をシェアしたときにサムネイル表示されるなど、アイキャッチが記事の入り口となるため、アイキャッチは記事の「看板」と言えるでしょう。

● ヘッダーは「非助成認知」を獲得する

　X（Twitter）のヘッダーの役割は「**非助成認知**」を伝えることです。非助成認知とは、「○○と言えば」という質問に対して連想する認知です。

　例えば「テーマパークと言えば？」と問われた際に、多くの人が「ディズニーランド」「USJ」などと連想するでしょう。これが非助成認知です。テーマパークというジャンルにおいてはディズニーランドや USJ が非常に高い非助成認知を獲得していることがわかります。

　なお、「○○を知っていますか？」という質問に対して、「YES」「NO」で答える認知を「**助成認知**」と呼びます。

　X（Twitter）のヘッダーは、この非助成認知を獲得することを目的に設計します。X（Twitter）のヘッダーで非助成認知を獲得するポイントは、自身のブランドのポジションをどこに位置づけるかです。

　大きなジャンル（枠）での非助成認知の獲得が難しくても、特化した分野で非助成認知を獲得できれば成功と言えます。先ほどのテーマパークの例だと、「テーマパーク」という大きなくくりではディズニーランドや USJ に勝てなくても、「絶叫系テーマパークと言えば？」「時代村系テーマパークと言えば？」のように特化した分野で非助成認知が獲得できればいいわけです。

● 長いヘッドラインは読んでもらえない

　非助成認知は画像とヘッドラインを利用して伝えます。

　画像だけで伝えられる場合は、必ずしも「ヘッドライン」は入れる必要はありません。大切なのは、深く考えなくても「非助成認知」が伝わるようにすることです。

　例えば、ヘッドラインで何者かをコンパクトに伝えたり、出版した書籍を入れて権威性を伝えたり、憧れを醸成させるような画像で訴求するなど、発信内容とフォロー後の未来を伝えられると、印象に残りやすくなります。

　街の看板のように、パッと見て伝わるヘッダーを目指しましょう。

3-5

プロフィール文は
「MACテンプレ」で整える

◉ 心をつかむプロフィールにはテンプレートがある

「**プロフィール文**」はフォロー率を高めるための重要な要素です。

ツイートを見てアカウントへの興味が高まった読者が、プロフィールへ移動し、プロフィール文をチェックしてフォローするかどうかを決めるからです。

そのため、プロフィールはターゲットがフォローする「後押し」となるような内容にする必要があります。

■ 文字数に制限がある

X（Twitter）のプロフィール文は 160 文字の文字制限があり、書きたいことが書き切れないと悩む人も少なくありません。

「PREP 法」や「PASONA の法則」など広く周知されているライティングのテンプレートは、何かを説明したり、訴求したりするのに最適化されており、ある程度の文章量がある場合に効果があります。そのため、SNS のプロフィール文のようにコンパクトに情報をまとめて伝える場合には不向きです。

そこで、SNS のプロフィール文に最適なテンプレート「**MAC テンプレ**」を紹介します。

MAC テンプレとは、「Mission」（何を発信しているか）、「Authority」（権威性）、「CTA」（行動喚起）で構成するテンプレートです。

● MACテンプレ

Mission	何を発信しているか、どんなアカウントかを伝える
Authority	権威性とその根拠を伝える
CTA	行動喚起をする

筆者のプロフィールで詳しく解説します。

MACテンプレを使用したプロフィール文

「Mission」では「誰がどうなるために」何を発信しているのか、どんなアカウントなのかを伝えます。筆者の場合、❶「現役マーケターが『モノの売り方』を発信｜ビジネストレンドも呟いてます」の部分です。

「『モノ』の売り方を発信」のように具体的な言葉で書くと伝わりやすくなります。ここが「マーケティングについて発信」だと抽象的でわかりにくいですよね。「『モノ』の売り方」としているため、「企業職だから知っておきたい」「自分は営業なので、売上がついてくるかも」と具体的なビジョンが浮かびフォローにつながりやすくなります。

「Authority」では権威性や根拠を示し、Missionに説得力を加えます。❷「マーケ歴9年｜法人1期目｜売上1億｜SNS-WEB集客事業｜【祝】書籍出版決定」の部分です。

「マーケティング9年の実績があるなら信じられる」「SNS-WEB集客事業

を実践しているなら、情報が新しいはず」と読者の反論を処理して信用度を高めます。

「CTA」では「フォローすると／リンクをクリックするとどうなるのか」を伝えます。❸「今すぐフォローで情報強者に」の部分です。この場合は「知らないと損するかも」と思わせ、フォローを後押ししています。

プロフィール文はフォローにつなぐ非常に重要な要素です。MAC テンプレを用いて、しっかり読者をつかんでいきましょう。

◉ アカウント設計でフォローが決まる

第 3 章ではフォローされるアカウント設計について解説しました。ツイートで興味を持ってもらえても、アカウント設計がしっかりしていないとフォローはしてもらえません。フォローのプラスに働くように、アカウント設計をすることが大切です。

『 フォローされるアカウント 』

①アカウント名	チェック
指名検索で上位を取れそうなアカウント名か？	☐
ライバルアカウントに似たようなアカウント名はないか？	☐
ニックネームの場合、「何の発信」をしているのか？ 印象が伝わるアカウント名か？	☐
あなたのマーケットに関するキーワードが入っているか？ （肩書き）	☐

②アイコン	チェック
ターゲットに与えたい印象は決まっているか？	☐
その印象を表現できているか？（表情やカラー）	☐
何の人なのか伝わるか？（服装やアイテム）	☐

③ヘッダー	チェック
あなたの非助成認知は伝わるか？	☐
ヘッドラインとキービジュアルが入っているか？	☐
ヘッドラインは長すぎないか？	☐

④プロフィール文	チェック
何を発信しているか、どんなアカウントなのかが伝わるか？	☐
あなたの発信に、信用や根拠を与えるステータスが載っているか？（権威性や経験）	☐
プロフィールの最後に、行動喚起をしているか？ （リンクやフォローへの誘導）	☐
総括して、ターゲットに伝わらない言葉を使用していないか？	☐

第 **4** 章

拡散 &
フォローされる
ツイートの
作り方

ツイートが拡散されフォローされるためには、「なぜ人は拡散するのか？（＝エンゲージメントするのか？）」を理解し、それを逆算してツイート設計に活かすことが有効です。
それにはX社が公開している「#拡散の科学」が参考になります。
本章では「#拡散の科学」を基に、拡散＆フォローされるツイートの作り方を解説していきます。

4-1

メディアマーケティングの観点でのツイートの作り方

◉ ツイートが拡散され、フォローされる流れ

　X（Twitter）メディアマーケティングではツイートが「拡散」され、最終的にアカウントが「フォロー」されることが必要です。

　そのユーザー行動の流れは次の通りです。

X（Twitter）メディアマーケティングのファネル

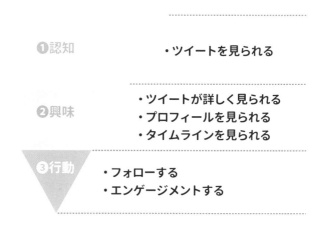

❶認知　　　・ツイートを見られる

❷興味　　　・ツイートが詳しく見られる
　　　　　　・プロフィールを見られる
　　　　　　・タイムラインを見られる

❸行動　　・フォローする
　　　　　・エンゲージメントする

　この流れを実現するためにツイートは次の2点を満たす必要があります。

● 拡散＆フォローされるツイート

- RTをはじめとした「エンゲージメントの獲得」
- 読者の「見逃したくないの設計」

　それには、第2章でも触れたX社が公開する「# 拡散の科学」というレポートを参考にして設計します。「# 拡散の科学」は、1,300RT以上のツイートをバズツイートと定義し、それらを分析して「バズるツイートの傾向」をまとめたものです。

　これによると、ツイートを拡散したい（エンゲージメントしたい）と思う気持ちの根源には「6つの熱量伝播と16の熱量」があることがわかりました。

拡散される6つの熱量伝播と16の熱量

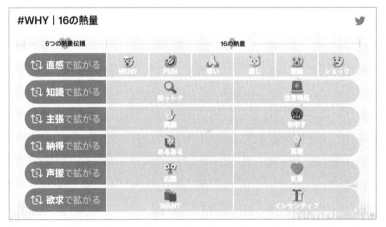

https://marketing.twitter.com/content/dam/marketing-twitter/apac/ja/insights/
kakusan/kakusan.pdf　156ページ

　この分析結果から「なぜ人はツイートを拡散するのか（エンゲージメントする理由）」を理解し、それをツイート設計に活かすことで、エンゲージメント獲得の確率を高めることが可能です。

　「拡散される6つの熱量伝播と16の熱量」について、それぞれ実例を挙げながらツイート作りのヒントを解説していきます。

4-2

6つの熱量伝播（1）—
「直感」で拡がるツイート

◉ 直感で拡がるツイートは6つの感情に分類

　「**直感**」で拡がるツイート（直感型ツイート）は、読者の「自分が感じたものを共有したい！」という気持ちからエンゲージメントされます。

　わかりやすく言い換えると「反射的にRTしてしまった！」という感覚です。

　この読者心理を細かく分類すると、「WOW」「FUN」「尊い」「癒し」「感動」「ショック」の6つの感情に分けられます。

● 直感型ツイートの6つの感情

❶ WOW 　　　「すごい！」と感じて、反射的にRTしてしまった
❷ FUN 　　　　「おもしろい！」と感じて、反射的にRTしてしまった
❸ 尊い 　　　　「圧倒的に好き！」と感じて、反射的にRTしてしまった
❹ 癒し 　　　　「かわいい！」と感じて、反射的にRTしてしまった
❺ 感動 　　　　「素敵！」と感じて、反射的にRTしてしまった
❻ ショック　　「悲しい…」と感じて、反射的にRTしてしまった

　人が行動に移す原動力は「感情」です。直感的に強く感情を揺さぶられると、思わずエンゲージメント（行動）してしまいます。

　それゆえ、読者の心理を汲み取って『直感型ツイート』を上手に取り入れられると、エンゲージメントの獲得につながりやすいでしょう。

　それでは、6つの感情に分けてそのツイートの特徴を解説していきます。

❶「WOW」で拡がるツイート

「WOW」に分類される直感型ツイートは「驚き」を感じるツイートです。
日常では体験できないようなレアな出来事を発見した場合に湧き上がる
驚きが、エンゲージメントの後押しとなります。

その主な特徴は次の表の通りで、「やばい」「信じられない」「神」のよう
な驚いたリアクションが多くなります。

● 「WOW」に分類される直感型ツイートの主な特徴

3つの特徴	読者のリアクション	クリエイティブとの組み合わせ
①既視感がないもの ②発見した喜びを感じられるもの ③画像や動画投稿	「信じられない」 「やばい」 「すごい」 「わぁ！」 「神」 「えええ」	・画像：48% ・動画：40% ・アニメーション（GIF）：1% ・テキストのみ：11%

「#拡散の科学」（https://marketing.twitter.com/content/dam/marketing-twitter/apac/ja/
insights/kakusan/kakusan.pdf　39ページ）

次のツイートは「#拡散の科学」で紹介されている事例です。

直感型ツイート「WOW」の事例

「#拡散の科学」（https://marketing.twitter.com/content/dam/marketing-twitter/
apac/ja/insights/kakusan/kakusan.pdf　33ページ）

「頑張って描きました。」というコメントと共に、電車の車内のイメージが添付されています。これは写真ではなくイラストです。思わず「すごい！」と声が漏れてしまいますね。この「WOW（驚き）」の感情から、エンゲージメントを獲得しています。

読者が直感的に驚きを感じることが要なので、テキストのみのツイートよりもメディア（画像や動画）付きの投稿のほうが反応が良い傾向があります。実際**「WOW」に分類される直感型ツイートのバズツイートのうち88%がメディア付きツイート**であるという結果が出ています。

また前ページの事例は、イラストへの関心が高い人からすると、そのスキルに驚嘆して「他のイラストも見てみたい！」という感情にもつながるでしょう。

つまり、**「WOW」に分類される直感型ツイートは、同じ業種や趣味の人に強く響きます。**特に、メディアで直感的に訴求できるイラストレーターや動画編集者などのクリエイターアカウントと相性がいいです。

作品で驚きを感じさせられれば、フォローはもちろんファンになってくれる可能性も高まります。あなたがクリエイター系アカウントなら、ツイート設計に「WOW」の直感型ツイートを積極的に取り入れてください。

❷「FUN」で拡がるツイート

「**FUN**」に分類される直感型ツイートは、思わず「クスッ」としてしまうツイートです。おもしろさに加えて「一言ツッコミたくなる」内容であると、エンゲージメントにつながります。

「FUN」に分類される直感型ツイートでは「ワロタ」「草」「吹いた」などのリアクションが多く、主な特徴は次の表の通りです。

● 「FUN」に分類される直感型ツイートの主な特徴

3つの特徴	読者のリアクション	クリエイティブとの組み合わせ
①ツッコミどころがある ②画像とテキストの組み合わせのGAP ③返信の反応が多い	「おもしろすぎる」 「wwwww」 「ワロタ」「草生える」 「笑った」	・画像：51% ・動画：38% ・アニメーション（GIF）：0% ・テキストのみ：12%

「#拡散の科学」（https://marketing.twitter.com/content/dam/marketing-twitter/apac/ja/insights/kakusan/kakusan.pdf　41ページ）

直感型ツイート「FUN」の事例

「#拡散の科学」(https://marketing.twitter.com/content/dam/marketing-twitter/apac/ja/insights/kakusan/kakusan.pdf　34ページ)

　このツイートは「# 拡散の科学」で紹介されている事例です。「夫婦喧嘩翌日のお弁当がこちら」と説明された写真には、空の弁当箱に箸が、箸箱の中に弁当の中身が詰め込まれ、弁当箱と箸箱の役目が入れ替わっています。その様子に思わず笑ってしまいますね。

　「FUN」に分類される直感型ツイートも「直感的におもしろい」と感じることが重要なため、**メディア（写真・動画）付きツイートのほうが効果的**です。FUN 型バズツイートのうち 89％に画像や動画が添付されています。

　また、この型は**エンタメ系アカウントと好相性**です。継続的におもしろい発信を続けることで、読者の反応を「このツイートおもしろい」から「このアカウントおもしろい」に変えられ、フォローにつながるからです。

　投稿主への興味を高められれば、ファンにもなってもらえます。

　ファンになってもらう仕掛けとして、ツッコむ要素を作っておくことも有効です。インタラクティブ性を高め、X（Twitter）で読者との交流を広げられます。

　日頃からアンテナを張って、おもしろいネタを見つけましょう。

❸「尊い」で拡がるツイート

　「**尊い**」に分類される直感型ツイートは、「WOW（すごい）」に加えてリ

スペクトも感じられるツイートです。

　「カッコ良すぎて（かわいすぎて）好きすぎる！」「どこまでもついていきます！」のような、ファンが「推し」に感じる感情を想像するとわかりやすいでしょう。

　「尊い」に分類される直感型ツイートは、「すごすぎて感動した」「圧倒的」「神聖」「好き」といったリアクションが多く、その特徴は次の通りです。主にコアファンが反応していると言えます。

● 「尊い」に分類される直感型ツイートの主な特徴

3つの特徴	読者の リアクション	クリエイティブとの組み合わせ
①一定数の「ファン」が存在している ②コアファンしかわからないこだわり ③圧倒的なクリエイティブ	「神聖」 「ファン心理」 「圧倒的」 「感動」	・画像：52% ・動画：37% ・アニメーション（GIF）：1% ・テキストのみ：10%

「#拡散の科学」（https://marketing.twitter.com/content/dam/marketing-twitter/apac/ja/insights/kakusan/kakusan.pdf　43ページ）

直感型ツイート「尊い」の事例

「#拡散の科学」（https://marketing.twitter.com/content/dam/marketing-twitter/apac/ja/insights/kakusan/kakusan.pdf　35ページ）

前ページのツイートは「# 拡散の科学」で紹介されている事例です。

いわゆるファンアートですが、作品内にはないシチュエーションだからこそ「こういうのを待ってました！」という原作ファンの感情が揺さぶられてエンゲージメントを獲得しています。

「尊い」に分類される直感型ツイートは人気アニメのファンアートやアイドルのオフショットなどと相性が良いですが、注意したいのは、**直接的な訴求ではリスペクトにいたらない**」ということです。

ファンだからこそわかる、望んでいた未来や思いを表現できると、リスペクトという感情へ動かすことができます。そのため、「何を伝えるか（クリエイティブ）」がとても重要です。うまく読者の心をつかむことができると、コアファンにもなってくれるでしょう。

❹「癒し」で拡がるツイート

「**癒し**」に分類される直感型ツイートは、「（かわいくて）心が癒される」というツイートです。子供の寝顔を見たときに思わず微笑んでしまう、あの心理と同じですね。

「かわいい」「ほっこりした」「悶絶」のようなリアクションが多く、主な特徴は次の表の通りです。現代は日常生活のストレスなどで心が疲れている人が多いので、特に「動物」や「赤ちゃん」に関する癒しツイートは反応が高い傾向があります。

● 「癒し」に分類される直感型ツイートの主な特徴

3つの特徴	読者の リアクション	クリエイティブとの組み合わせ
①子ども・動物のパワーの強さ ②心が和む良い話（ほっこり） ③画像・動画投稿が多い	「かわいい」 「ほっこり」 「悶絶」	・画像：46% ・動画：46% ・アニメーション（GIF）：1% ・テキストのみ：7%

「# 拡散の科学」（https://marketing.twitter.com/content/dam/marketing-twitter/apac/ja/insights/kakusan/kakusan.pdf　45ページ）

次ページのツイートは「# 拡散の科学」で紹介されている事例です。

直感型ツイート「癒し」の事例

　飼い主に向けられる猫のまなざしからは愛情が伝わり、特に疲れているときにはスーッと心に染みますよね。

　「癒し」ツイートの92％はメディア付きツイートです。**映像で見ることでより癒しが強調されて伝わる**ので、エンゲージメントが高くなります。

　動物や赤ちゃんはほとんどの人がかわいいと感じるので、「癒し」に分類される直感型ツイートと相性が良いと言えます。

　毎日写真や動画をアップするだけでも「見逃したくない」を設計できるので「子育て系」や「動物系」ジャンルの人は使わない手はありません。

❺「感動」で拡がるツイート

　「感動」に分類される直感型ツイートは、心が温まる点では前述の「癒し」と同じですが、さらに深く感情を揺さぶることが必要です。

　その主な特徴は次ページの表の通りで、「泣ける」「良いエピソード」「ありがとう」などのリアクションになります。

●「感動」に分類される直感型ツイートの主な特徴

3つの特徴	読者の リアクション	クリエイティブとの組み合わせ
①実話エピソードが多い ②感謝を伝える投稿 ③画像投稿が多い	「泣ける」 「良い人」 「良いエピソード」 「素晴らしい」 「ありがとう」	・画像：59% ・動画：22% ・アニメーション（GIF）：0% ・テキストのみ：19%

「#拡散の科学」（https://marketing.twitter.com/content/dam/marketing-twitter/apac/ja/insights/kakusan/kakusan.pdf　47ページ）

次のツイートは「#拡散の科学」で紹介されている事例です。

直感型ツイート「感動」の事例

「#拡散の科学」（https://marketing.twitter.com/content/dam/marketing-twitter/apac/ja/insights/kakusan/kakusan.pdf　37ページ）

　視覚障害者の方が外食に行った際、店員さんが言葉でわかりやすく配膳位置を説明してくれたエピソードを紹介したツイートです。

　優しい店員さんに心が温まるだけでなく、「こんな良い人がいるんだ」という感動ももたらします。これがエンゲージメントしたくなる理由です。

　「感動」に分類される直感型ツイートは、強い感銘を受ける「エピソード力」が重要です。もちろん、作り話では人の心は動かせません。実話を元

に設計することで、深く心に染みる投稿ができるでしょう。

エピソードに力があれば、テキストだけのツイートでもエンゲージメントされる確率が高まります。読み手にも起こりうる可能性もある話だと、よりダイレクトに心に響くので有効です。

ただし、「感動」に分類される直感型ツイートは、直感的に読み手の心が動くので**その熱量は高いものの、それは一時的なもの**であることを覚えておいてください。エピソードに興味を持っただけで、投稿主自身への興味はそれほど高い状態ではありません。そのため、フォローに直結することは少ない型と言えます。

普段は他の軸や感情の型を基本にツイート設計を行い、リーチ数を高めたいときに、「感動」に分類される直感型ツイートを利用するのが適切です。これをきっかけに、他のツイートに興味を持ってもらえるような設計ができれば成功と言えるでしょう。

⑥「ショック」で拡がるツイート

「**ショック**」に分類される直感型ツイートは、「現実を受け止められない」ほどの悲しい気持ちを刺激して、エンゲージメントを獲得します。

「残念」「つらい」「うそでしょ」のような、やるせなさを感じるリアクションが多く、主な特徴は次の通りです。

● 「ショック」に分類される直感型ツイートの主な特徴

3つの特徴	読者の リアクション	クリエイティブとの 組み合わせ
①多くの人が心を痛める内容 ②現実を受け止めきれない ③ニュース性のある投稿が多い	「悲しい」 「残念」 「つらい」 「うそでしょ」 「受け止めきれない」 「頭が追いつかない」	・画像：48% ・動画：11% ・アニメーション 　（GIF）：0% ・テキストのみ：41%

「#拡散の科学」（https://marketing.twitter.com/content/dam/marketing-twitter/apac/ja/insights/kakusan/kakusan.pdf　49ページ）

166

直感型ツイート「ショック」の事例

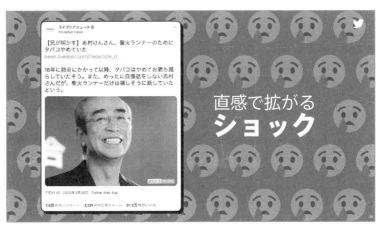

「#拡散の科学」（https://marketing.twitter.com/content/dam/marketing-twitter/
apac/ja/insights/kakusan/kakusan.pdf　38ページ）

　このツイートは「# 拡散の科学」で紹介されている「ショック」の事例
です。新型コロナウイルス感染症で亡くなったコメディアンの志村けんさ
んのエピソードを伝えています。

　コロナ禍の志村けんさんの訃報は衝撃的で、日本中が悲しみに包まれま
した。志村けんさんの人柄に加え、コロナ禍という環境も相まって、エン
ゲージメントが拡大したと考えられます。

　「ショック」に分類される直感型ツイートは、多くの人が心を痛める内容
を選ぶことが効果的ですが、細心の注意を払う必要があります。テーマや
伝え方を間違えると批判の対象になる恐れがあるためです。**デリケートな
内容に触れることが多いので、テーマ選びをしっかり行う必要があります。**

　また「感動」と同様に、この型のツイートが直接的にフォローにつなが
ることは稀です。リーチ数を獲得することを目的に活用します。

⚫ 直感型ツイートは熱量が高い

　直感型ツイートは、読者の感情が直感的に動くため、熱量が高く、印象
に残りやすい型です。メディア（写真・動画）をうまく活用して「反射的
に RT してしまった！」を設計してください。

4-3

6つの熱量伝播（2）—
「知識」で拡がるツイート

◉ 知識を共有したい気持ちが拡散につながる

　「**知識**」で拡がるツイート（知識型ツイート）は、「この情報をみんなに知ってほしい！」という気持ちからエンゲージメントされます。読者が「これ、知っておいて！」という気持ちになると拡散するわけです。

　この読者心理を細かく分類すると、次の2つの感情に分けられます。

● 知識型ツイートの2つの感情

❶ 知っトク　　「いいこと聞いた！」から、みんなにも知ってほしい
❷ 注意喚起　　「これ知らないと危ない」から、みんなにも知ってほしい

　知識型ツイートは自身の経験や実績をツイートのテーマにできるので、どんなジャンルでも挑戦しやすい型です。

　一方「知識」という側面から、難しくて伝わりにくいツイートになってしまう危険性もあるので注意が必要です。

　どのようにわかりやすく伝えて、「みんなに知ってほしい！」という想いへ読者の感情を動かすのか、そのヒントを解説します。

❶「知っトク」で拡がるツイート

　「**知っトク**」に分類される知識型ツイートは「日常に活かせる情報」や「つい試したくなるような情報」を紹介するツイートです。「みんなにも教えたい！」「あとで読み返したい」と感情が動いたときにエンゲージメントを獲得できます。

　「いいこと聞いた！」「今度やってみよう」などのリアクションが特徴で、その多くは「**How to系**」や「**ライフハック系**」の内容です。

●「知っトク」に分類される知識型ツイートの主な特徴

3つの特徴	読者の リアクション	クリエイティブとの 組み合わせ
①日常生活で使えそうな内容 ②気軽に試せそうな内容 ③How to系の投稿	「いいこと聞いた！」 「その手があったか！」 「今度やってみよっと」	・画像：54% ・動画：22% ・アニメーション 　（GIF）：0% ・テキストのみ：24%

「#拡散の科学」（https://marketing.twitter.com/content/dam/marketing-twitter/apac/ja/insights/kakusan/kakusan.pdf　56ページ）

　次ページのツイートは「#拡散の科学」で紹介されている事例です。

　オンラインゲームには利用促進のために、ログインすると特典を提供する「ログインボーナス」があります。ツイートは給料日前にお金を使い果たしてしまう自分のために、カレンダーにお金を貼り付けて当日になったら使える「自分用のログインボーナス」を用意したという金欠対策を紹介したものです。

　「いい考え！　自分もやってみたい！」といった感情が原動力となり、エンゲージメントを獲得した事例です。メディアを添付することで内容を伝わりやすくしたことも拡散につながりました。

■ 読者が試せる具体的な内容

　「知っトク」に分類される知識型ツイートは、**読者がすぐに試せる具体的な内容であるほど拡散されやすい**です。事例のツイートも、画像がなかったら「ログインボーナス制度とはどういうことだろう？」と読者が考える

知識型ツイート「知っトク」の事例

「#拡散の科学」(https://marketing.twitter.com/content/dam/marketing-twitter/
apac/ja/insights/kakusan/kakusan.pdf　54ページ)

必要があり、エンゲージメントは高くならなかったでしょう。読者に考え
させたり、すぐに実行ができない抽象的な内容は、エンゲージメントを獲
得しにくいので、注意してください。

■ 新しい気づきがあると拡散される

　「知っトク」に分類される知識型ツイートは、**「新しい情報を知りたい」**
「学びたい」というユーザーが多い「ビジネス系」「お金系」「ライフハック
系」のジャンルと非常に相性が良い型です。有益な情報ほど「あとから見
返したい」と感じてもらえるので、ブックマークが多くなる傾向がありま
す。

　また、読者に「この人のツイートはいつもためになる」と感じてもらえ
るように、価値ある情報を発信し続けることでフォローにつながります。

　ポイントは**「新しい気づき」をプラスすること**です。他アカウントも発
信している内容では、有益な情報でも価値は伝わりません。

　例として筆者のツイートを紹介します。

新しい気づきを伝えるツイート

答え：スタバ＝「居場所」　高級車＝「税金対策」　高級時計＝「ステータス」

　これはマーケティングの知識を、クイズ形式で伝えるツイートです。
　スターバックスはコーヒーショップですが、その価値は「コーヒーを提供する店」ではなく「居場所」にある、ということはマーケティング界隈ではすでに知られた情報です。しかし、他の事例と合わせてクイズにすることで「本質的な価値」の考え方について新たな発見が得られたはずです。
　情報自体に「新しい気づき」があるともちろん良いですが、そうでない場合でも、伝え方によって新たな気づきを提供できます。何を伝えるか（What）に加え、どのように伝えるか（How）の観点からも考えると、その幅は広がります。ツイート設計に活かしてみてください。

❷「注意喚起」で拡がるツイート

　「注意喚起」に分類される知識型ツイートは、読者自身にも起こりうる身近で危険な情報です。危機感を覚えるため「みんなにも教えてあげなきゃ」

という感情が動きます。これがエンゲージメントの源です。

「気をつけて」「危ない」「ひどい」のようなリアクションが特徴で、注意を呼びかけるような形でシェアが拡大します。

●「注意喚起」に分類される知識型ツイートの主な特徴

3つの特徴	読者の リアクション	クリエイティブとの 組み合わせ
①誰もが身近に起こりうる情報 ②みんなに同じ目にあってほしくない ③騙された悔しさからくる投稿も	「気をつけて」 「危ない」 「ひどい」	・画像：46% ・動画：16% ・アニメーション 　（GIF）：0% ・テキストのみ：37%

「#拡散の科学」（https://marketing.twitter.com/content/dam/marketing-twitter/apac/ja/insights/kakusan/kakusan.pdf　58ページ）

次のツイートは「#拡散の科学」で紹介されている事例です。

知識型ツイート「注意喚起」の事例

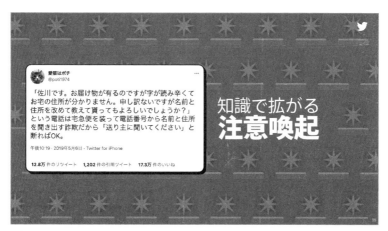

「#拡散の科学」（https://marketing.twitter.com/content/dam/marketing-twitter/apac/ja/insights/kakusan/kakusan.pdf　55ページ）

宅配業者を装って個人情報を盗み出す、悪質な手口を紹介しています。

多くの方が日常的に利用する宅配便の話題だからこそ、危機感を持つ人

が多く、拡散につながりました。

　「注意喚起」に分類される知識型ツイートは、**いかに自分ごとと捉えてもらえるかがエンゲージメント獲得に大きく影響します。**

■ プロスペクト理論

　「人はできるだけリスクを回避しようとする傾向があり、状況によってその判断は変わる」という意思決定に関する理論があり、これを「**プロスペクト理論**」と言います。

　「注意喚起」に分類される知識型ツイートは、このプロスペクト理論と関連があり、読者の「損したくない」「危険から逃れたい」という感情を高められるとエンゲージメントを獲得できます。

　特に、**「お金」と「健康」に関して危機感を強く感じる人は多い**ので、これらのジャンルと相性が良いです。「お金を失いたくない（損したくない）」「健康でありたい」という気持ちを刺激するようにツイートを設計できると、エンゲージメントを高められるでしょう。

◉ 経験や実績が価値になる

　知識型ツイートは、自身の経験や実績を価値ある情報に変換して、わかりやすく伝えることが、読者の感情を動かすカギになります。そのため、図解を利用し情報を整理して伝えることも有効です。この型を日頃からツイート設計に取り入れて、「いつもこんな情報を発信してくれているなら、フォローしよう」という「見逃したくない」気持ちを醸成しましょう。

第4章　拡散＆フォローされるツイートの作り方

4-4

6つの熱量伝播（3）─
「主張」で拡がるツイート

◉ 読者の気持ちを代弁して拡散する

　「**主張**」で拡がるツイート（主張型ツイート）は、読者の「他人の意見を借りて、自分の意見を主張したい」という気持ちからエンゲージメントされます。

　簡単に言うと「私も同じことを考えている！」と読者が感じたときに、その投稿を RT することで自分の意見を他の人に伝えるのです。

　この読者心理を細かく分類すると、「同調」「物申す」の 2 つの感情に分けられます。

● 主張型ツイートの2つの感情

❶同調　　「私も同じ意見！」だから、みんなに伝えたい
❷物申す　「よくぞ言ってくれた！」と思うから、みんなにも伝えたい

　「主張型ツイート」は、読者自身の意見を「代弁してくれた！」という感覚なので、投稿主に対して友好的な感情を持ちやすいです。同じ考え方だと読者が感じるツイートが続けば、フォローにもつながりやすいと言えます。

　「同調」「物申す」の 2 つの感情に分けて、解説していきます。

❶「同調」で拡がるツイート

　「**同調**」に分類される主張型ツイートは、「私の気持ちを代弁してくれた！」という感情がエンゲージメントの根源です。「私も同じ意見です！」と投稿主の発言に便乗する形で拡散されます。

　「実は私も」「同じ意見！」のようなリアクションが特徴で、「私の意見を聞いてほしい」という想いがあるため、引用 RT されることが多いです。

　後述する「物申す」のような世間への「反対」意見まではいかないものの、「こういう考え方もあるよね」というある意見に対する異なる視点に賛成するのがこの型です。

第4章

拡散＆フォローされるツイートの作り方

● 「同調」に分類される主張型ツイートの主な特徴

3つの特徴	読者のリアクション	クリエイティブとの組み合わせ
①言葉を借りる感覚 ②誰かが自分の気持ちを代弁してくれている感覚 ③マイナー意見、もっと広がれ	「ほんとそれ！」 「実は私も！」 「同じ意見！」	・画像：43% ・動画：14% ・アニメーション（GIF）：0% ・テキストのみ：43%

「#拡散の科学」（https://marketing.twitter.com/content/dam/marketing-twitter/apac/ja/insights/kakusan/kakusan.pdf　65ページ）

　次ページのツイートは「#拡散の科学」で紹介されている事例です。

　アイドルグループ「嵐」の大野智さんの活動休止発表に戸惑い、受け入れ難いと感じていたユーザーが多数いる中で、「大野くんの夏休み」と言い換えたことで「私もそう思う！」という感情が伝播するように拡散されました。

　「同調」に分類される主張型ツイートは、何かを否定するツイートではありません。立場や環境が変われば、意見は変わるのが普通です。それを、あなたのフォロワーや見込み客の立場に立って伝えられると、エンゲージメントを獲得できます。

主張型ツイート「同調」の事例

「#拡散の科学」(https://marketing.twitter.com/content/dam/marketing-twitter/
apac/ja/insights/kakusan/kakusan.pdf　63ページ)

　マイナスに傾いていた気持ちをプラスへと導くような意見が同調されやすいと考えられます。「ほんとそれ！」と感じ、元気が出たり勇気づけられたりするからこそ、拡散したい気持ちが高まるのでしょう。

　自己防衛の意識から、他者とは異なる意見は言いづらくなってしまうものです。だからこそ、そこにうまくあなたの意見がはまれば拡散の確率が高まります。「同調」に分類される主張型ツイートの狙い目はそこにあります。

❷「物申す」で拡がるツイート

　「**物申す**」に分類される主張型ツイートは、「よくぞ言ってくれた！」と思えるような、世間とは異なる意見に対して感情が動いた場合に、エンゲージメントを獲得できます。

　「これはおかしい！」「よくぞ言ってくれた！」のようなリアクションが特徴で、世間へのアンチテーゼとなるので賛否両論が起きやすくなります。

● 「物申す」に分類される主張型ツイートの主な特徴

3つの特徴	読者のリアクション	クリエイティブとの組み合わせ
①みんながおかしいと思っていることへの言及 ②世の中へのアンチテーゼ ③世論を変えられそうな投稿	「よくぞ言ってくれた」 「私もそう思う」 「これはおかしい！」	・画像：41% ・動画：15% ・アニメーション 　（GIF）：0% ・テキストのみ：43%

「#拡散の科学」（https://marketing.twitter.com/content/dam/marketing-twitter/apac/ja/insights/kakusan/kakusan.pdf　67ページ）

第4章

拡散＆フォローされるツイートの作り方

　次のツイートは「#拡散の科学」で紹介されている事例です。

主張型ツイート「物申す」の事例

「#拡散の科学」（https://marketing.twitter.com/content/dam/marketing-twitter/apac/ja/insights/kakusan/kakusan.pdf　64ページ）

　「若者よ選挙に行くな」という動画を引用して、選挙に参加すべきという意見を述べたツイートです。

　選挙には「行くべき」「行かなくていい」と賛成意見も反対意見もあります。そこに新しい視点で「選挙に行く意味」を伝えることで拡散につながりました。

　「物申す」に分類される主張型ツイートは、社会や世論に対する不満や確

執がある話題にメスを入れる形になるので、主張に賛同する人も反発する人も出てきます。味方も敵もつくる分、エンゲージメントなって現れ、拡散につながります。

　そのコツは、**意見の背景に客観的事実を示す**ことです。それにより説得力が増すため、拡散力はぐっと高まるでしょう。

　「物申す」に分類される主張型ツイートでは、単に反対意見を述べるだけでは「そういう意見もあるよね」で終わってしまいます。そこにある背景や客観的事実を加えて意見の信憑性を高めることで、「この意見をみんなにも伝えたい！」という気持ちにさせることが必要です。

◉ 同じ意見が興味を高める

　主張型ツイートは、「いかにフォロワーや見込み客と同じ意見であるか」を伝えられるかが重要になります。同じ考え方を持っていることが、あなたへの興味につながるからです。

　日頃から顧客に目を向けて、その気持ちを理解するようにしましょう。

4-5

6つの熱量伝播 (4) ―
「納得」で拡がるツイート

◉「あるある」「真理」の感情

「**納得**」で拡がるツイート（納得型ツイート）は、「自分と同じ価値観に触れられて嬉しい」という気持ちがエンゲージメントにつながります。「めっちゃわかる！」と読者が感じるといいねや RT をしてくれるわけです。

この読者心理を細かく分類すると、「あるある」「真理」の 2 つの感情に分けられます。

● 納得型ツイートの2つの感情

❶**あるある**　「これ、あるわ」と、みんなも思うはず
❷**真理**　　　「マジでそれな」と、みんなも思うはず

納得型ツイートでは、人に話したくなるような「納得感」を与えられるとエンゲージメントが高まります。

例えば、クイズ番組を見ているときに「なるほど！」と納得した問題を、友人に教えたくなったことはないでしょうか。この心理と同じで、読者と同じ経験や想いを共有して共感につなげることがこの型のコツです。

「あるある」「真理」それぞれの読者心理に分けて、詳しく解説します。

❶「あるある」で拡がるツイート

　「**あるある**」に分類される納得型ツイートは、多くの読者が経験したことがあるような投稿です。ツイートを見て、文字通り「あるある！」と感じてもらえると、エンゲージメントを獲得できます。

　読者の「めっちゃわかる！」「それな！」のようなリアクションが特徴で、強く共感できる場合に拡散されます。

● 「あるある」に分類される納得型ツイートの主な特徴

3つの特徴	読者のリアクション	クリエイティブとの組み合わせ
①多くの人が経験している ②既視感 ③わかりみ深い	「めっちゃわかる」 「それな」 「私だけじゃなかったんだ…」 「あるわこれ」 「一緒ですw」	・画像：46% ・動画：32% ・アニメーション 　（GIF）：1% ・テキストのみ：22%

「#拡散の科学」（https://marketing.twitter.com/content/dam/marketing-twitter/apac/ja/insights/kakusan/kakusan.pdf　74ページ）

納得型ツイート「あるある」の事例

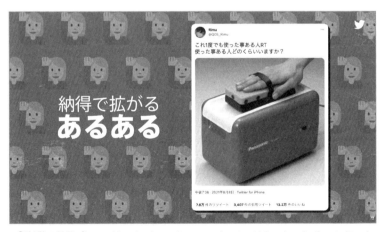

「#拡散の科学」（https://marketing.twitter.com/content/dam/marketing-twitter/apac/ja/insights/kakusan/kakusan.pdf　72ページ）

　前ページのツイートは「#拡散の科学」で紹介されている事例です。黒板消しのクリーナーの写真を添付して、使ったことがあればRTしてと伝えたのです。子どものころに使っていたユーザーによる「懐かしい！」という気持ちと、「みんなも使ったことあるよね？」という共感が欲しいという想いから拡散されました。

　「あるある」に分類される納得型ツイートは、**多くの人から共感を得られる内容を選ぶことがポイント**です。人は「仲間がいた！」と感じられると心を開きます。ゆえに、ツイートに対して読者が共感することで、あなたのアカウントへ関心が高まり、フォローにもつながります。

❷「真理」で拡がるツイート

　「**真理**」に分類される納得型ツイートは、読者自身は気づいていなかったけれど、言われてみればその通りだと感じる投稿です。「うまく言語化してくれた！」と共感を得られるとエンゲージメントを獲得できます。

　読者の「わかりみ深い」「マジでそれな！」といったリアクションが特徴で、的を射たと感じる反応が多く見受けられます。

● 「**真理**」に分類される納得型ツイートの主な特徴

3つの特徴	読者のリアクション	クリエイティブとの組み合わせ
①みんなが潜在的に思っている内容 ②誰もが言語化できなかったものを言葉にしている投稿 ③言い得て妙	「わかりみが深い…」 「名言」 「まじでそれなです」	・画像：38% ・動画：9% ・アニメーション（GIF）：0% ・テキストのみ：53%

「#拡散の科学」（https://marketing.twitter.com/content/dam/marketing-twitter/apac/ja/insights/kakusan/kakusan.pdf　76ページ）

　次ページのツイートは「#拡散の科学」で紹介されている事例です。X（Twitter）を開いているときの心理について言及したツイートですが、X（Twitter）ユーザーなら誰しも共感してしまう内容ですね。気づいているようで気づいていないことを言葉にすることで、深い納得を得られてエンゲージメントにつながります。

納得型ツイート「真理」の事例

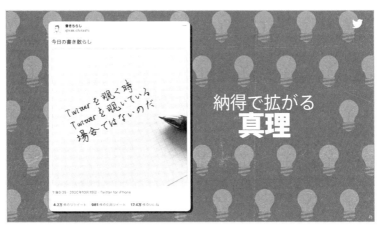

「#拡散の科学」(https://marketing.twitter.com/content/dam/marketing-twitter/
apac/ja/insights/kakusan/kakusan.pdf　73ページ)

　「真理」に分類される納得型ツイートは、ハッと気付かされる言葉に対して反応が高くなる傾向があります。そのためテキストのみのツイートが、この型のバズツイートの半分以上（53%）を占めています。ただし、タイムラインでツイートに目を留めてもらうため、画像にして訴求する方法も効果的です。

　またこの型は、**多数の人が経験しつつ悩みが多いテーマについて気づきを与えられると、多くの共感を得られます**。例えば、「人生」「健康」「恋愛」がこれに該当します。

　イメージできないものに人は共感できないし、答えが明確なものでは納得感が得られません。多くの人が答えを導き出せていなかったことに対して答えが見つかるから、納得するわけです。

　言葉にできなかった潜在的な想いをうまく言語化できると共感が得られ、フォローにつながります。

◉ ポイントは「共感」

　納得型ツイートは題材選びが重要です。多くの人が共感できるテーマでありつつ、アカウントのジャンルとギャップがないように設計しましょう。

4-6

6つの熱量伝播（5）—
「声援」で拡がるツイート

◉「応援」は行動の大きな原動力

　「声援」で拡がるツイート（声援型ツイート）は、「誰か（何か）の力になりたい！」という気持ちが源になってエンゲージメントされます。

　例えば、野球やサッカーの応援のために、熱狂的なファンは海外の大会まで駆けつけますよね。「応援したい」という気持ちは大きなパワーとなって行動の原動力になるのです。

　「声援型ツイート」の読者心理を細かく分類すると、**「応援」「支援」**の2つの感情に分けられます。

● 声援型ツイートの2つの感情

❶応援　「頑張れ！」という気持ちを、みんなにも投稿主にも届けたい
❷支援　「助けたい！」という気持ちを、みんなにも投稿主にも届けたい

　この型は「拡散してみんなに知ってほしい」に加え「投稿主に応援していることを伝えたい」という想いも大きいことが、他の型との違いです。

　それぞれ詳しく解説していきます。

❶「応援」で拡がるツイート

　「応援」に分類される声援型ツイートは、「好きな人や好きなコンテンツを応援したい！」という気持ちから、エンゲージメントを獲得できます。

読者の「頑張れ！」「好きだよ！」「ずっとついていきます！」のような
リアクションが特徴で、熱量の高いファンがいる場合が多いです。

●「応援」に分類される声援型ツイートの主な特徴

3つの特徴	読者のリアクション	クリエイティブとの組み合わせ
①特定のファンが存在する ②ファンの熱量が高い ③好きすぎて力になりたい	「頑張れ！」 「好きだよ！」 「ずっとついてきます！」	・画像：55% ・動画：15% ・アニメーション 　（GIF）：0% ・テキストのみ：30%

「#拡散の科学」（https://marketing.twitter.com/content/dam/marketing-twitter/apac/ja/insights/kakusan/kakusan.pdf　83ページ）

声援型ツイート「応援」の事例

「#拡散の科学」（https://marketing.twitter.com/content/dam/marketing-twitter/apac/ja/insights/kakusan/kakusan.pdf　81ページ）

　このツイートは「# 拡散の科学」で紹介されている事例です。
　2021 年東京オリンピックのスケートボード金メダリストである堀米さん
が金メダルの報告をしたツイートです。多くの人が「これからも応援しま
す！」という気持ちをリツイートなどのエンゲージメントで伝えました。
　「応援」に分類される声援型ツイートは、**「好き」の熱量が高い読者（フ**

ァン）が多いほど反応率が高まります。そのため、普段から交流を増やすなどしてファンを増やす意識を持つようにしましょう。

　また、読者からの「応援」が次の結果につながったかなどを定期的に報告できると「読者は応援してよかった！」「次もまた応援しよう！」という気持ちになります。例えば、「新商品の発売」について応援してもらったら、「発売半月で目標を達成しました！」のように伝えるのです。このような読者とのキャッチボールが「好き」という気持ちを高め、「見逃したくない」気持ちにつながります。

❷「支援」で拡がるツイート

　「**支援**」に分類される声援型ツイートは、「助けたい！」という気持ちが原動力となり、エンゲージメントにつながります。

　読者の「ひどい」「かわいそう」「みんなで助けたい」のようなリアクションが特徴です。「応援」に分類される声援型ツイートと比較すると「困っている人を助けたい」という「同情の気持ち」からエンゲージメントされるので、アカウントのファンであるかは関係ありません。

● 「支援」に分類される声援型ツイートの主な特徴

3つの特徴	読者のリアクション	クリエイティブとの組み合わせ
①同情してしまう投稿 ②リアルに起こった内容 ③まだ解決されていない内容	「ひどい」 「かわいそう」 「みんなで助けたい」	・画像：36% ・動画：12% ・アニメーション（GIF）：1% ・テキストのみ：51%

「# 拡散の科学」（https://marketing.twitter.com/content/dam/marketing-twitter/apac/ja/insights/kakusan/kakusan.pdf　85ページ）

　次ページのツイートは「# 拡散の科学」で紹介されている事例です。「IHコンロ・クッキングヒーターで鉄瓶が使える」ということを伝えたツイートです。これは「知られていないことがかわいそう」という気持ちよりも、「こんな便利な機能が知られてないなんてもったいない！」というポジティブな感情から拡散につながりました。

声援型ツイート「支援」の事例

「#拡散の科学」(https://marketing.twitter.com/content/dam/marketing-twitter/
apac/ja/insights/kakusan/kakusan.pdf　82ページ)

　「支援」に分類される声援型ツイートは、同情を狙うだけではなく、読者が「支援したいと思える理由」が必要です。この事例では「便利」という点が、支援したくなる理由になりました。

　それゆえ、**自分に置き換えて考えられる身近な話題がエンゲージメントにつながりやすい**傾向にあります。自分ごとに感じられると感情移入しやすく、理由付けが容易だからです。

　また、この型も「応援」に分類される支援型ツイートと同様に結果報告をお勧めします。読者に「支援してよかった！」と思ってもらえれば、「また次も支援しよう」とあなたへの関心が高まり、フォローにつながります。

◉ フォローのきっかけに

　声援型ツイートは、それだけではフォローは難しいです。ファン化やアフターフォローあってこそ、アカウントへの興味を高められます。

　リーチ数を拡大させ、フォローのきっかけを作るために活用するのが適切でしょう。また、ある程度フォロワーがいる場合に利用するほうが、初動の拡散力が大きくなるため、効果が出やすいと言えます。

4-7

6つの熱量伝播（6）—
「欲求」で拡がるツイート

◉ 読者の「欲しい！」「したい！」で拡散

　「**欲求**」で拡がるツイート（欲求型ツイート）は、「自分の欲望を満たしたい」という気持ちがエンゲージメントにつながります。

　読者の「欲しい！」「したい！」という感情を高められると、いいねやRTをしてくれます。

　読者心理を細かく分類すると「WANT（欲しい）」「インセンティブ（報酬）」の2つの感情に分けられます。

● 欲求型ツイートの2つの感情

❶ **WANT（欲しい）** 「これいい！」と思うから、みんなにも教えたい
❷ **インセンティブ（報酬）** 「当たりたい！」から、エンゲージメントする

　「欲求型ツイート」は、対象物に対して「欲しい！」「したい！」と思わせる手法なので、商品やサービスを持つアカウントと相性が良いです。

　それぞれ解説していきます。

❶「WANT」で拡がるツイート

　「WANT」に分類される欲求型ツイートは、RTしても手に入らないモノ・コトに対して「欲しい！」「したい！」という欲求を高めることで、エンゲージメントを狙う投稿です。

　「買いたい」「やってみたい」「すごい」のようなリアクションが特徴で、はじめて知ったモノ・コトに対して興味が高まった場合に反応します。

● 「WANT」に分類される欲求型ツイートの主な特徴

3つの特徴	読者のリアクション	クリエイティブとの組み合わせ
①みんながまだ気づいていない興味をそそるモノ・コト ②RTで手に入るわけではない ③画像でのインパクトも重要	「欲しい」 「やってみたい」 「買いたい」 「いい」「すごい」「素敵」	・画像：61% ・動画：28% ・アニメーション（GIF）：0% ・テキストのみ：11%

「#拡散の科学」(https://marketing.twitter.com/content/dam/marketing-twitter/apac/ja/insights/kakusan/kakusan.pdf　92ページ)

　次のツイートは「#拡散の科学」で紹介されている事例です。

欲求型ツイート「WANT」の事例

「#拡散の科学」(https://marketing.twitter.com/content/dam/marketing-twitter/apac/ja/insights/kakusan/kakusan.pdf　90ページ)

注ぐ飲み物によって、浮き上がる文字が変わるグラスを紹介したツイートです。アイデアがおもしろく「こんなグラスあるんだ！」「すごい！欲しい！」という感情が拡散につながりました。

「WANT」に分類される欲求型ツイートは、**多くの人がまだ気づいていない、ワクワクするような「アイデア」を提供できるか**がポイントです。インパクトがあるほど拡散したい気持ちが高まるので、画像などのメディアを使って伝えることも有効と言えます。

メーカーの企業アカウントなら、自社商品へのこだわりや開発背景などを伝えることで新しい顧客の獲得につながります。個人アカウントでも、自身のサービスに関するアイデアを発信することで「おもしろい人だ！」と興味を高められます。

こういった情報を継続的に発信して「他の商品やアイデアも見たい！」「見逃したくない！」と思ってもらえればフォローを獲得できます。

なお、自社の商品やサービスがなくても「マーケター視点で」モノ・コトを紹介したり、「家事苦手主婦の視点で」便利グッズを紹介したりと、独自の視点でおもしろいアイデア（考え）が紹介できれば、あなたへの興味を高めることが可能です。

❷「インセンティブ」で拡がるツイート

「**インセンティブ**」に分類される欲求型ツイートは、RTやフォローによって商品が当たるいわゆる「**キャンペーン投稿**」です。インセンティブを付けることで行動（エンゲージメント）を促すわかりやすい手法ですね。

多くの場合、RTとフォローが応募条件なので「欲しい！」と思ってもらえれば確実にエンゲージメントを得られます。読者の「当たりますように！」「当たるご縁があるといいな」のようなリアクションが特徴です。

●「インセンティブ」に分類される欲求型ツイートの主な特徴

3つの特徴	読者のリアクション	クリエイティブとの組み合わせ
①フォロー＆リツイートが応募条件 ②当選者数の制限 ③その場で当たるような仕組みの活用	「当たりますように！」 「あたるご縁があるといいなぁ」 「食べたい！」 「飲みたい！」	・画像：41% ・動画：34% ・アニメーション（GIF）：7% ・テキストのみ：18%

「#拡散の科学」（https://marketing.twitter.com/content/dam/marketing-twitter/apac/ja/insights/kakusan/kakusan.pdf　94ページ）

次のツイートは「#拡散の科学」で紹介されている事例です。

欲求型ツイート「インセンティブ」の事例

「#拡散の科学」（https://marketing.twitter.com/content/dam/marketing-twitter/apac/ja/insights/kakusan/kakusan.pdf　91ページ）

　ローソンで人気のプレミアムロールケーキが当たるキャンペーンのツイートです。「その場で当たる」ことも、応募の後押しになりますね。
　「インセンティブ」に分類される欲求型ツイートは、「欲しい！」という欲求からエンゲージメントを獲得するので、一気にフォロー率が高まります。
　一方で、その時点があなたへの興味がもっとも高い状態なので、この状

190

態を維持できなければフォロー解除されてしまうリスクがあります。

　特にインセンティブで満足させることができなければ、その危険性が高まるため、インセンティブのクオリティは高く保つようにしてください。

　なお、商品がたくさんある場合は、定期的にキャンペーンを実施することも有効です。実際、コンビニ各社がインセンティブを付けたキャンペーンを定期的に行っていますが、「次のキャンペーンを見逃したくない！」と思ってもらえればフォローにつながります。

◉ 欲求は行動に直結

　欲求型ツイートは、いかに「欲しい！」「したい！」という気持ちを高められるかがカギになります。衝動買いがあるように、欲求は行動と直結します。上手に活用して、エンゲージメント獲得につなげましょう。

◉ ツイートは入り口

　第4章では、拡散＆フォローされるツイートの作り方について解説しました。ツイートは、見込み客に興味を持ってもらうための第一歩です。読者の興味を獲得するために、読者の「16の感情」のうち、どの気持ちになってほしいかをまず決めることが大切です。そうすることで、ツイート作りもスムーズに進みます。

　やみくもにツイートする前に、目的をしっかり決めてエンゲージメント獲得を狙いましょう。

メディアマーケティングのロジックツリー

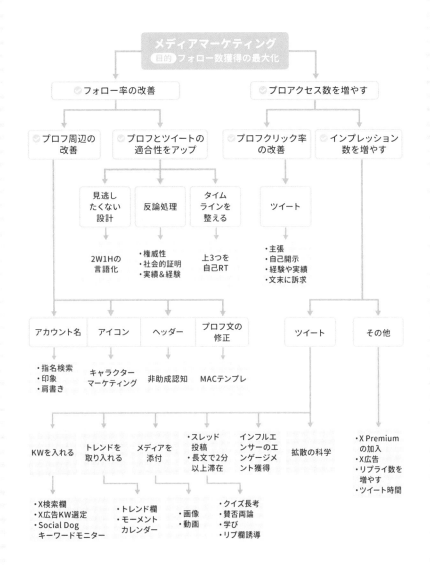

メディアマーケティング
目的 フォロー数獲得の最大化

- フォロー率の改善
- プロアクセス数を増やす

フォロー率の改善
- プロフ周辺の改善
- プロフとツイートの適合性をアップ

プロアクセス数を増やす
- プロフクリック率の改善
- インプレッション数を増やす

プロフとツイートの適合性をアップ
- 見逃したくない設計
- 反論処理
- タイムラインを整える

プロフクリック率の改善
- ツイート

見逃したくない設計
- 2W1Hの言語化

反論処理
- ・権威性
- ・社会的証明
- ・実績＆経験

タイムラインを整える
- 上3つを自己RT

ツイート
- ・主張
- ・自己開示
- ・経験や実績
- ・文末に訴求

プロフ周辺の改善
- アカウント名
- アイコン
- ヘッダー
- プロフ文の修正

ツイート

その他

アカウント名
- ・指名検索
- ・印象
- ・肩書き

アイコン
- キャラクターマーケティング

ヘッダー
- 非助成認知

プロフ文の修正
- MACテンプレ

- KWを入れる
- トレンドを取り入れる
- メディアを添付
- ・スレッド投稿
- ・長文で2分以上滞在
- インフルエンサーのエンゲージメント獲得

- 拡散の科学

その他
- ・X Premiumの加入
- ・X広告
- ・リプライ数を増やす
- ・ツイート時間

KWを入れる
- ・X検索欄
- ・X広告KW選定
- ・Social Dog キーワードモニター

トレンドを取り入れる
- ・トレンド欄
- ・モーメントカレンダー

メディアを添付
- ・画像
- ・動画

- ・クイズ長考
- ・賛否両論
- ・学び
- ・リプ欄誘導

X（Twitter）
プロダクト
マーケティングの
設計図

プロダクトマーケティングとは「商品・サービス」に興味を持たせるマーケティング領域です。X（Twitter）においては、「見込み客〜顧客を獲得する」ためのマーケティングがこれにあたり、「どのように購入につなげるか」を設計します。

本章では、X（Twitter）プロダクトマーケティングの具体的な設計方法に入る前に、「商品が売れるメカニズム」について解説します。消費者が購買に至る心理を理解しましょう。

5-1

消費者はなぜ購入するのか？

◉ 購買に至るまでの壁

　ユーザーに「この商品が欲しい！」と思われるまでに、さまざまな壁を乗り越える必要があります。例えば「競合」について考えてみましょう。

　あなたがもし「ダイエットサプリ」を販売するとしたら、他のダイエットサプリが競合します。加えて、ダイエットという分野で捉えれば、ダイエット器具やダイエット本なども競合です。

　さらに「何にお金を使うのか」という広い観点なら、「学び」や「趣味」も競合になります。「ダイエットにお金をかけるなら、趣味にお金をかけたい！」と思われたら、商品は買ってもらえないからです。

ダイエットサプリの競合

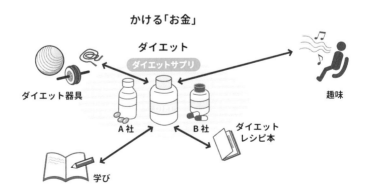

　このように「競合の壁」だけでも多数存在します。他にも、ユーザーに
問題に気づいてもらう「認知の壁」や、商品を知ってもらい、欲しいと思
ってもらう「欲求の壁」などがあり、これらをすべて乗り越えなければ購
入に至りません。

　これらの壁を乗り越えて自分の商品を選んでもらうためには「商品が売
れる『メカニズム』」を知ることが近道です。

　商品に興味がなかったユーザーの心理がどのように変化して購入に至る
のかという「消費者の購買心理」がわかれば、逆算して設計に盛り込むこ
とができるからです。

◉ 2W1Hが曖昧では集客は失敗する

　メカニズムを理解したら、Ｘ（Twitter）メディアマーケティングの設計
と同様に「2W1H の言語化作業」をします。これらが明確でなければ、後
に続く「セールスファネル」「アカウント」「ツイート」の設計が曖昧にな
り、Ｘ（Twitter）集客は正しく機能しません。Ｘ（Twitter）を販売導線の入
り口として機能させるためには必須のステップです。

　「2W1H の言語化」が完了したら「セールスファネルの設計」を行います。
商品をどのようなステップで販売していくのか（販売導線）を設計するの
です。見込み客を集められても、商品を販売する場所（Web ページなど）
がなければ売上にはなりません。

　セールスファネルが決まれば、「アカウント設計」と「ツイート作り」で
導線に見込み客を集め、Ｘ（Twitter）集客を始めていきましょう。

5-2

「商品が売れるメカニズム」を知る

● AIDAモデル

「商品が売れる」のは顧客が買ってくれるからです。顧客が不要と思えば、売上は0。だから、顧客が「買いたい」と思ってくれるように、販売者はさまざまな施策を行うわけです。

つまり、顧客が「買いたい」と思ってくれるまでの流れを設計することが、販売導線を設計することと言えます。言い換えれば、消費者の購買心理に合わせて商品の販売導線を作れば、商品は売れるというのが基本的な考え方です。

「消費者の購買心理」を理解するには、第2章の116ページでも登場した「**AIDA モデル**」を利用するのがシンプルでわかりやすいです。

「AIDA モデル」は消費者が購買に至るまでの行動を表したファネル図です。消費者は、商品やサービスに気づき（認知：Attention）、それらがいいと思えたら（興味・関心：Interest）、他の商品と比較して（比較・検討：Desire）、欲しい！と感じたら購入（行動：Action）に至ります。

この AIDA モデルを X（Twitter）プロダクトマーケティングに落とし込むと、次ページの図のようになります。

この流れを X（Twitter）で構築することがポイントです。

なぜなら、検索エンジン（Google）と X（Twitter）を利用している「消費者の心理状態」は、異なるからです。

X（Twitter）におけるAIDAモデル

認知
(Attention)　　　問題（悩み）に気づき、
　　　　　　　　　　解決策（商品やサービス）を見つける

興味・関心
(Interest)　　　問題（悩み）や解決策（商品やサービス）
　　　　　　　　　　に対して、興味が高まる

比較・検討
(Desire)　　　他の商品やサービス（競合）と比較し、検討する

行動
(Action)　　　商品やサービスを購入する

　Google 検索を利用する際は、「痩せる　短期　方法」のようにキーワードを入れて検索します。そこには「悩み（検索意図）」が明確にあり、それに対して解決策を探している状態です。

　ゆえに、AIDA モデルの「興味・関心」～「比較・検討」の段階にいます。

AIDAモデルにおけるGoogle検索時の段階

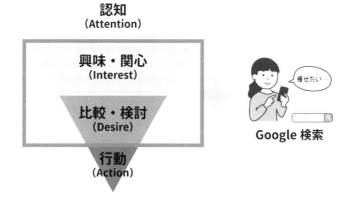

一方で、X（Twitter）を利用しているユーザーのほとんどは、通勤時間

やちょっとした空き時間になんとなく X（Twitter）を眺めているだけです。タイムラインに流れてくる情報に対して「受け身」でアクセスしている状態で、そこには「何かを見つけたい」という「検索意図（悩み）」はありません。

　ゆえに、AIDA モデルの「認知」の段階にいます。

AIDAモデルにおけるX（Twitter）利用時の段階

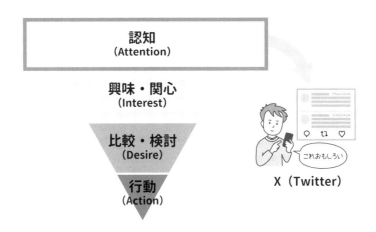

　X（Twitter）上で商品やサービスをダイレクトに販売しようとしても、なかなかうまくいかないのはこのためです。そもそも「悩み」があることに気づいていないので、すぐには購買に至りません。まずは「悩み」に気づいてもらうことが先です。

　この考え方を前提に、次節では「消費者の購買心理」を 5STEP に分解して解像度を高めていきましょう。これを理解したら、ツイート作りに活かすために、逆算して設計する方法を解説していきます。

5-3

消費者の購買5STEP

● AIDAモデルを詳細に分解

　X（Twitter）で商品を購入してもらうためには、「検索意図」のないユーザーに、いかに悩み（問題）を「発見（認知）」してもらい、「興味・関心」を抱かせることが重要です。

　これを実現するために、AIDA モデルをもう少し詳細に分解すると、次の「**消費者の購買 5STEP**」に分かれます。

消費者の購買5STEP

STEP 1	STEP 2	STEP3	STEP 4	STEP 5
問題に気づいていない	問題に気づいたが、解決策を知らない	解決策を知ったが、手元に手段（商品）がない	どの手段（商品）にしようか悩んでいる	本当にその手段（商品）でいいか悩んでいる

　X（Twitter）上で、「1ヶ月後の結婚式までに痩せなければいけない」という問題に気づき、最終的に「痩せるサプリ」の購入を検討しているユーザーを想定して、この「購買 5SETP」に当てはめてみましょう。すると、次のような心理状態になります。

STEP 1　まだ問題に気づいていない（Twitterのタイムラインを眺めている）

STEP 2　「1ヶ月で痩せなければいけない（問題）」ことに気づいたが、解決策を知らない

STEP 3　「運動前に飲むと痩せるサプリがある（解決策）」ことを知ったが、どんな商品（手段）があるかわからない

STEP 4　「A社・B社・C社」で、運動前に飲むと痩せるサプリを販売しているが、どれにしようか悩んでいる

STEP 5　A社のサプリにしようと思うが、本当にそれでいいか悩んでいる

　多くの消費者はこのような購買心理の遷移を経て購入に至ります。

　つまり、X（Twitter）でこの5STEPに沿ってユーザーを導くことができれば、商品を購入してもらえるということです。

　それには、次のテンプレートが役立ちます。

消費者の購買5STEPとテンプレート

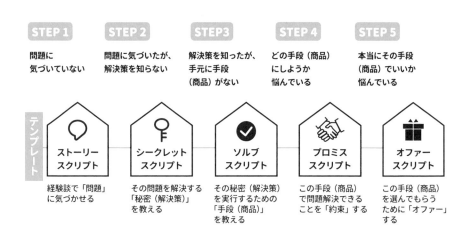

STEP 1	STEP 2	STEP3	STEP 4	STEP 5
問題に気づいていない	問題に気づいたが、解決策を知らない	解決策を知ったが、手元に手段（商品）がない	どの手段（商品）にしようか悩んでいる	本当にその手段（商品）でいいか悩んでいる
ストーリースクリプト	シークレットスクリプト	ソルブスクリプト	プロミススクリプト	オファースクリプト
経験談で「問題」に気づかせる	その問題を解決する「秘密（解決策）」を教える	その秘密（解決策）を実行するための「手段（商品）」を教える	この手段（商品）で問題解決できることを「約束」する	この手段（商品）を選んでもらうために「オファー」する

テンプレート

　このテンプレートのポイントは、ユーザーの心理状態に合わせて、順に課題を解決して購入までつなぐことです。

　例えば「このダイエットサプリを買いませんか？」と言われても、すぐ

には買いませんよね。どのサプリがいいのかわからないし、そもそも「ダイエットしたい」と気づいていないかもしれないからです。

　テンプレートに合わせて順に訴求していくことで、ユーザーの疑問点や反論を解消することができるので、スムーズに次のステップへ移行させることができ、購入に至る確率がぐっと高まります。

　ここでは「消費者の購買5STEP」と「テンプレート」を理解するために、「ダイエットトレーナー契約」を例に解説します。

　テンプレートを使ってどのように「消費者の購買心理」を変化させていくのかを見ていきましょう。

● ダイエットトレーナー契約を結ぶ顧客の心理

　まずは、「消費者の購買5STEP」のテンプレートを利用して作成した、「ダイエットトレーナー契約」の訴求文を読んでください。

　これを元に「顧客心理の変化」を確認していきます。

第5章　X（Twitter）プロダクトマーケティングの設計図

「ダイエットトレーナー契約」の訴求文

❶ 経験談で問題に気づかせる

　ぽっこりお腹を、「自宅の筋トレ」で解決しようとしている人は無謀です。20代でぽっこりお腹に悩み、スーツを着るのが恥ずかしかった私が、「自宅筋トレ」を卒業したら、バキバキ腹筋になれたので本当です。

　今ではジムのトレーナーを務めるほどの体になりました。

❷ その問題の解決策（秘密）を伝える

　実は、「ビール腹」を凹ますために腹筋をしても、あまり意味はありません。

　なぜなら、腹筋の上に「脂肪」があり、本当は割れているあなたの腹筋を、その脂肪が隠している状態だからです。

　つまり、あなたがやるべきことは、「腹脂肪」を燃焼させること。腹筋を鍛えることではありません。

❸ その解決策を実行する手段（商品）があることを伝える

　しかし、YouTubeで紹介されている動画は「腹筋を鍛える」ためのト

レーニングばかりですよね。これは身体のプロであり、現役トレーナーの私が推奨する「腹筋割メソッド」とは、似ているようで異なります。

　そこで今回、自宅でできる真の「腹筋割メソッド」を「Zoomパーソナルトレーニング」にして用意しました。

　ただ、効果に個人差があるので、まずは「適合診断」を実施してください。適合すれば、あなたもこの「腹筋割メソッド」でお腹の脂肪が消え、割れた腹筋が浮き出てくるでしょう。

❹ その手段で問題解決できることを伝える

　「自分にできるか」、「本当に効果があるか」が不安ですよね。

　「Zoomパーソナルトレーニング」の利用者は、すでに「ビール腹」とおさらばし、「スーツの似合う男」と「肌見せコーデの似合う女性」になっています。

　たった2ヶ月で10kgも減量した方は6割以上。まず1ヶ月続けていただいたら「本当だ！」とその効果に納得するはず。プロのノウハウだからこそ、自信を持ってご提供しています。

❺ その手段を選んでもらうための提案をする

　そんな「Zoomパーソナルトレーニング」が、今なら「お試し価格」でご案内できます。さらに、あなたに合わなければ「全額返金」の保証付きです。

　なお「お試し価格」でのご案内は人数に限りがあり、5名までとさせていただいていますので、ご注意ください（残り2名となりました）。

　まず❶の時点では、読者は「問題」に気づいていません。

　そこで「ストーリースクリプト（経験談）」で問題に気づかせます。読者に「ぽっこりお腹には「自宅筋トレ」は効かない」と教えたのです。

　「ストーリー（経験談）」は読者を話に没入させる力があるため、共感を誘いやすいことが利点です。人は感情移入すると共感しやすくなるので、その問題を自分ごととして捉えやすくなります。

　「ストーリースクリプト」のポイントはここにあり、ターゲット（読者）が「当事者」と感じられるストーリーを描くことが重要です。「before ➡ after」を伝えるなら「before」とターゲットが重なる話を盛り込みます。

　今回の事例の「before」は次の要素です。

- 20代でぽっこりお腹
- 自宅で「筋トレ」をしている
- スーツを着るのが恥ずかしい

　読者が「私のことだ……！」と感じる具体的な言葉を入れることで、3つのいずれかに当てはまる人は「当事者意識」が芽生えます。

　例えば、beforeで「アドミナルを使って自宅筋トレをしている」と伝えても、ほとんどの人がピンとこないはずです。アドミナルは、ジムにあるような腹部を鍛えるトレーニング専用の大型マシンで、これを自宅に置いている人はほとんどいません。ストーリースクリプトでは、多くの人が共感を抱く経験談を選びます。

　当事者意識を持ってもらえたら、after（バキバキ腹筋になれる）に対して「自分も変われるかな」「私にもできるかも……」という希望が湧き、魅力的に聞こえるので、続きを知りたくなります。

　❷は問題に気づいたが「解決策」を知らない状態です。

　「シークレットスクリプト」では、ターゲットが理想の未来を手に入れるための「秘密の情報（解決策）」を伝えます。

秘密の情報（解決策）

理想の未来（悩み）
バキバキ腹筋になりたい
（腹筋を割りたい）

問　題
「ビール腹」（ぽっこりお腹）
を凹ませるために筋トレを
してもあまり意味はない

秘密の情報（解決策）
腹筋を鍛えるのではなく
「腹脂肪」を燃焼させる

　ここでターゲット（読者）は「筋肉を増強させるのではなく、脂肪を燃

焼しないといけないのか！」とはじめて気づきます。

「秘密の情報」は、ターゲットの常識では思いつかないことを伝えられるのがベストです。驚きを与えられると、さらに続きが気になるからです。

❸では、脂肪燃焼の必要性は理解できましたが、方法がわかりません。そこで「ソルブスクリプト」で手段（商品）を伝えます。

シークレットスクリプトで「秘密の情報」を伝えているので、ここでは商品の情報を提供すれば問題ありません。事例では次の通りです。

- 腹脂肪を燃焼する、真の腹筋割メソッド
- Zoomパーソナルトレーニング（適合診断あり）
- 身体のプロの現役トレーナーが監修

しかし、類似商品・サービスは他にも存在します。

❹のどの手段（商品）にしようか悩むユーザーに対して「プロミススクリプト」を用いて、この商品が与える価値を「約束」します。

なぜなら、商品（手段）がわかると読者にはさまざまな「反論」が生まれるからです。例えば次のような反論です。

- 本当に効果はあるのか？
- 自分でもできるか？　難しくないか？
- どのくらいやれば効果を得られるのか？

これらの反論を処理しなければ購入に至りません。そこで「社会的証明」や「実績」を掲示して反論を処理し、顧客に提供する価値を約束する必要があります。事例では次の点が約束にあたります。

- 利用者は「ビール腹」とおさらば
- たった2ヶ月で10kgも減量した方は6割以上
- 1ヶ月続けていただいたら「本当だ！」と効果に納得する
- プロのノウハウだからこそ、自信を持って提供

「プロミススクリプト」のポイントは、競合と比べる隙を与えないように、スムーズに商品の価値（ベネフィット）を伝えることです。「競合のほうが

良さそう」「もう少し競合と比較したい」と迷ったら購入確率が下がります。そうならないように読者の「反論」を処理できるよう構成します。

　注意点は「**守れない約束をしないこと**」です。例えば「必ず2ヶ月で10kg痩せます」と言い切った場合、顧客が痩せられなければクレームになります。痩せるスピードは顧客の状態や体質などによって異なるので「絶対に痩せられる」と約束してはいけません。

　事例のように「実績を掲示」することが最大限の約束となります。

　❺まで来たら、ユーザーは「買うならこの商品がいいな」という心理状態です。最後に「オファースクリプト」で「今買おう！」という心理へ移行させます。オファーによって「買わない理由」をなくすのです。

　事例の場合、次のような反論がまだ残っているので、反論処理をして「買わない理由」をなくしました。

反論❶：本当に自分に合うトレーニングなのか、知りたい
　↓
処理：お試し価格

反論❷：思ってたのと違ったら、嫌だな
　↓
処理：全額返金保証

「お試し価格」なら自分に合うトレーニングか確認するハードルが下がります。また、トレーニングが合わなくても「全額返金」保証があるので安心です。

　反論をすべて処理したら、最後に「数量限定オファー」を添えて「今」行動する理由を与えます。これで購入確率がグッと高まりました。

● 顧客の心理を分解し、テンプレートを活用

　事例からわかるように、「消費者の購買5STEP」に合わせて顧客の心理を分解していくと、何を伝えるべきかが見えてきます。

　それに対して「テンプレート」を活用して順に訴求することができれば、スムーズに成約へつなげられます。

5-4

「逆算」でテンプレートを
言語化する

◉ 購買からの逆算

ここまで、理解を深めるために「消費者の購買5 SETP」の順に解説してきましたが、自身のビジネスに展開する場合は、**ゴール（購買）から逆算してテンプレートを言語化する**のが正解です。購買から逆算することで、適切な導線を設計することができます。

なぜなら、STEP1から順に考えて導線を設計すると、どうしても「売りたい気持ち」が強くなってしまうからです。売りたい気持ちが強くなると、往々にして設計（テンプレート）において、「理想を語ってしまう」ことがあります。

例えば、シークレットスクリプト（その問題の解決策（秘密）を伝える）で、多くの人が知っているのに次のように誇張して表現してしまいます。

- 99%の人が知らない「秘密の情報」があります。
- ここだけでしかわからない「秘密の情報」があります。

他にも、プロミススクリプト（この手段（商品）で問題解決できることを伝える）で「守れない約束」をしてしまうのもよくある失敗です。

「この方法なら100%稼げます」「1ヶ月で1,000万円稼げます」とうたっているのに、実際には稼げないケースを一度は聞いたことがあるでしょう。

守れない約束をしてもクレームになるだけで、顧客にとっても販売者にとってもメリットはありません。

商品やサービスの販売で忘れてはいけないのは「**ポテンシャル以上の価値は提供できない**」ということです。

理想を語って販売しても、満足してもらえず顧客は離れてしまいます。

このような事態を防ぐための方法が「逆算設計」です。

購買から逆算して設計を行うポイント

1 オファースクリプト

・商品・サービスと相性の良いオファーは？
・ターゲットの反論を処理するオファーは？

↓

2 プロミススクリプト

・社会的証明は？
・実績（変化）は？
・約束できるベネフィットは？

↓

3 ソルブスクリプト

・商品の1番の売りは？
・商品のコンセプトは？

↓

4 シークレットスクリプト

・商品の1番の売りにつながる秘密は？

↓

5 ストーリースクリプト

・その秘密に気づいたときのストーリー
　（変化）はどんなものか？

完成したプロダクト（商品やサービス）をベースに導線設計を進められるので、訴求する内容と提供できる価値に差異が起きにくくなります。

購買から逆算して設計を行ううえでのポイントは上図の通りです。これ

らを網羅して順に言語化していくことで、スムーズに消費者の心理を移行
させることができます。それぞれ詳しく解説していきます。

❶逆算設計1：オファースクリプト

オファースクリプトで、商品やサービスを購入してもらうための「提案」
を考えます。

どのようなオファーでも良いですが、購入の後押しとするには、次の2
点をクリアするものが最適です。

● 購入の後押しになる2つのオファー

> ● 商品・サービスと相性の良いオファーにする
> ● ターゲットの反論を処理するオファーにする

「脱毛サロン」の入会特典について考えます。

「5万円相当の家庭用脱毛器がついてくる！」というオファーがあると嬉
しいですよね。脱毛の効果が高まりそうです。

一方で、「旅行券5万円分プレゼント」はどうでしょうか。旅行好きのユ
ーザーなら食いつくかもしれません。しかし、脱毛サロン入会の後押しに
はならないでしょう。ユーザーの悩みは「脱毛したい」であって「旅行に
行きたい」ではないからです。

このように「商品・サービスとまったく関係のない特典」をつけても意
味がありません。

それでは、「**7つのオファー**」を紹介します。商品と相性が良く、反論処
理にもなるベストなオファーを選定しましょう。

オファー❶「ソフトオファー」

ソフトオファーとは「**購入のハードルを下げる**」オファーのことです。

美容サロンなどの「お試し体験」、サブスクリプションサービスの「初月
無料」、コンサルティングの「無料相談」などがこれにあたります。

ソフトオファーは「実際はどんな感じなんだろう？ 自分に合わなかった
ら嫌だな」という反論を処理できます。

特にオンラインビジネスにおいて、コミュニティやサロンなどのサブスクリプション系の商品は CV しにくいので、「ソフトオファー」で体験をさせることをお勧めします。

オファー❷「初回限定オファー」

初回限定オファーは、初回購入時に割引を行ったり、「お試し価格」を設定したりするオファーです。

購入を迷っているユーザーに対して、最後の後押しができます。ジャンルを問わず活用できるので、新商品の発売や新サービスをローンチする場合に最適のオファーでしょう。

オファー❸「数量限定オファー」

数量限定オファーは「対人系サービス」にお勧めのオファーです。販売数などに上限を設定してオファーします。

例えば「コンサルティング」販売の場合、対応できる人数にどうしても限度が出てきます。これを逆手にとって「数量限定（人数限定）」のオファーとすることで、プレミアム感を付加して提案できます。

他にも、座席数に上限のある「セミナー」のオファーとしても最適で、数を限定する理由がある商品・サービスで利用すると、自然にオファーが可能です。

また、他のオファーと組み合わせることで、サービスに特別感を付加できます。数量限定でソフトオファーを行えば「特別なサービスである」と受け止めてもらえ、「今すぐ買いたい」理由をつくることができます。

オファー❹「期間限定オファー」

期間限定オファーは「購入期限」がある場合に使用するオファーです。ターゲットの悩みに「緊急性」がある場合に非常に有効です。

具体的には、「成人式の振袖の予約は 12 月 31 日まで。お急ぎください！」のようにオファーします。成人式の日程は決まっており、ターゲットは「それまでに振袖を決めなければいけない」と焦っているので、購入の後押しとなります。

また「期間限定オファー」も他のオファーと合わせて利用することで「今

行動する理由」をより強く演出できます。「初回限定オファー」と合わせて「7日間限定！ お試し価格でご利用いただけます」のような形です。

オファー❺「特典オファー」

特典オファーは、商品やサービスに特典を付けたオファーで、お得感を与えられます。よくある事例は、化粧品販売時に「今なら無料サンプル付き」とオファーするものです。

このオファーのコツは「**商品に関連した特典**」を選ぶことです。「ブログ講座」を販売するのに、「バルミューダのトースター」をプレゼントしても、購入の後押しになりません。ターゲットが「バルミューダのトースター」を欲しいかどうかはわからないからです。

このようなケースでは「キーワード選定シート」といった「ブログ講座」に関連する特典を用意しましょう。購入の決め手に欠けるユーザーに対し「特典が欲しい！」と思わせることでブログ講座の販売につなげます。

オファー❻「分割払いオファー」

分割払いオファーは文字通り、分割での支払いもできることを掲示するオファーです。高額商品に向いています。

ターゲットには「購入のためにたくさんのお金を一度に用意できない」という反論があるのでそれを処理します。「分割払い」にすることで、価格に対する抵抗感を低くするのです。

小遣い制のサラリーマンやパート主婦、年金生活の高齢者などの多くは、購入のために何十万円、何百万円を一度に用意するのは困難です。あなたのターゲットの状況を見極めて、分割オファーを活用しましょう。

オファー❼「返金保証オファー」

返金保証オファーは「効果が出なかった場合に全額を返金する」というオファーです。「市場にとって新しい商品」に有効です。

一般的に、人は未体験のモノ・コトに対して心理的な抵抗を感じます。はじめてでよくわからないものは、購入するのが怖いのです。

この反論を処理できるのが「返金保証オファー」です。購入のハードルを下げる「ソフトオファー」と似ていますが、「購入に対する恐怖を払拭す

る」というイメージで利用します。

オファーを組み合わせ「今買いたい」気持ちを高める

　このようないくつかあるオファーを、あなたの商品やターゲットの状況に合わせて選択し、購入の後押しとなるように設計することが重要です。前節の「ダイエットトレーナー契約」の例でも「ソフトオファー」「返金保証オファー」「数量限定オファー」の 3 つを利用しましたが、オファーを組み合わせて訴求することも必要で、すべての反論を処理して、「今買いたい」気持ちをいかに高められるかがポイントとなります。

❷逆算設計 2：プロミススクリプト

　プロミススクリプトは「ターゲットとの約束」を設計するステップです。「約束」をするには、その内容（商品・サービスの効果や効力）をターゲットに信用してもらう必要があります。信用がなければ、そもそも約束が成り立たないからです。
　顧客の信用を得るために、プロミススクリプトでは次の 3 つの要素が含まれているかをチェックします。

● **信用を得る3要素**

- 社会的証明
- 実績（変化）
- 約束できるベネフィット

　「社会的証明」 とは、「口コミ」や「レビュー」など第三者の意見を借りて、商品・サービスの説得力を強めることです。
　販売者が言うよりも、利用者が評価することで真実味が強くなります。
　既存の商品・サービスの場合は、利用者のレビューで社会的証明を示すことができます。新商品（サービス）の場合でも、先行モニターを募集して口コミを得るのも 1 つの方法です。
　社会的証明を用意できない場合は、自身の経験を根拠に **「実績（変化）」** を示します。「ダイエットトレーナー契約」の例であれば、「腹脂肪を燃焼

させて、腹筋をバキバキにした」という自身の成果を示すことで、購買心理に良い影響を与えられます。「before ➡ after」でプラスの変化を大きく得られた場合は特に有効なので、ぜひ活用してください。

「**約束できるベネフィット**」とは、「ターゲットとの約束」が過剰になっていないかをチェックすることです。「守れない約束」はのちにクレームになるだけなので、商品のポテンシャルに合った「守れる約束」を示します。

これには、「つまり法」を活用してベネフィットを言語化するとわかりやすいです。「焦げつきにくいフライパン」を例に考えます。

『つまり法』の例：焦げつきにくいフライパンの場合

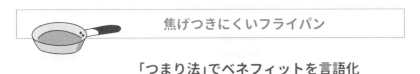

焦げつきにくいフライパン

「つまり法」でベネフィットを言語化

メリット

焦げつきにくい新素材を使用している

⬇ つまり？

洗い物が楽になる

⬇ つまり？

ベネフィットを深堀りしていく

他の洗い物の邪魔にならず、気持ちいい

⬇ つまり？

洗い物が後まわしにならず、夫婦喧嘩が起きにくい

⬇ つまり？

毎日、ラブラブの夫婦に

「焦げつきにくい新素材を使用している」という商品のメリットに対して、「つまり？」と問いかけて深堀りしていくことで、ベネフィットを言語化していくのが「つまり法」です。

つまり法で導き出したベネフィットを「約束」としてターゲットに訴求するのですが、ここで「過剰な約束になっていないか」のチェックを行い

ます。

　上図の焦げつきにくいフライパンの例を見てみましょう。最後の「夫婦喧嘩が起きにくい」「ラブラブ夫婦に」は、消費者から「フライパンで夫婦が仲良くなれるなんて思えない」という反論を受けるのが想像できます。

　つまり、この2つは「過剰な約束」です。この例で約束できるのは「他の洗い物の邪魔にならず、気持ちがいい」までということがわかります。

　つまり法を使うと「守れる約束」と「守れない約束（過剰な約束）」の境界が見えやすくなり、過大表現を防ぐことができます。ベネフィットの言語化を行ったら、必ず「約束できる内容か」を確認してください。

　プロミススクリプトで「社会的証明」「実績（変化）」「約束できるベネフィット」が揃った約束ができれば、顧客の信用を得られ、「買うならこの商品がいい！」という心理を作ることができます。

❸逆算設計3：ソルブスクリプト

　ソルブスクリプトは、プロミススクリプトで決めた「約束」を守れる商品であることをチェックしながら、売りとコンセプトを明確にします。

　前節の「ダイエットトレーナー契約」を例に説明します。まず、この商品の約束を振り返りましょう。プロミススクリプトの設計で決めた約束は次の通りです。

● プロミススクリプト（約束）の言語化

- 利用者は「ビール腹」とおさらば
- たった2ヶ月で10kgも減量した方は6割以上
- 1ヶ月続けていただいたら「本当だ！」と効果に納得する
- プロのノウハウだからこそ、自信を持って提供

　この商品の一番の売りは「腹脂肪を燃焼する、真の『腹筋割メソッド』」です。これを軸に、上記の「約束」を守れるかどうか検証していきます。

　1つ目の「利用者は『ビール腹』とおさらば」については、「腹脂肪を燃焼する、真の『腹筋割メソッド』」を使えば実現できるので問題ありません。

2つ目・3つ目「たった2ヶ月で10kgも減量した方は6割以上」と「1ヶ月続けていただいたら「本当だ!」と効果に納得する」を検証します。

50人規模のクラスで「腹脂肪を燃焼する、真の『腹筋割メソッド』」を指導した場合に、「2ヶ月後に10kgも減量できた!」と利用者全員が実現できるでしょうか。正直、半信半疑ですよね。

うまくいくかもしれないし、失敗するかもしれない。この状態では「守れる約束」とは言い切れません。

この場合「商品の質を上げる」あるいは「約束のレベルを下げる」のいずれかが必要となります。また、「約束を守れる人だけにターゲットを絞る」(スクリーニングする)ことも守れる約束とする1つの方法です。

本事例ではまず「zoom パーソナルトレーニング」へと商品の質を上げることとしました。「対50人」のクラス制から「対1人」のパーソナルトレーニングにすることで、個別に細かな指導ができ、減量できる確実性が高まります。加えて、「適合診断」を導入して結果を出せる人に絞ることで、「約束」の信頼度を上げました。

最後に「プロのノウハウだからこそ、自信を持って提供」という約束から、「身体のプロの現役トレーナーが監修」が商品の売りになることがわかりますね。

以上の結果、次の3つがこの商品の売りとコンセプトになります。

● **商品の売りとコンセプト**

- 腹脂肪を燃焼する、真の「腹筋割メソッド」
- Zoom パーソナルトレーニング(適合診断あり)
- 身体のプロの現役トレーナーが監修

このようにプロミススクリプト(約束)からソルブスクリプト(商品の売りやコンセプト)を明確にしていきますので、実際の商品との乖離がなくなり、誇張表現をしてしまうリスクを減らすことができます。

❹逆算設計 4：シークレットスクリプト

　シークレットスクリプトでは、商品の売りにつながる「秘密（解決策）」を言語化します。ここでのポイントは次の 2 点です。

● シークレットスクリプトのポイント

> ● 商品の売りと「秘密」につながりがあること
> ● ターゲットが気づいていない「秘密」であること

　ここでも「ダイエットトレーナー契約」の例で考えていきます。シークレットスクリプト（秘密）を次のように言語化しました。

● シークレットスクリプトの言語化（ダイエットトレーナー契約の場合）

> 「ビール腹」を凹ませたいなら、腹筋を鍛えるのではなく
> 「腹脂肪」を燃焼させること

　ソルブスクリプトでは「真の『腹筋割メソッド』」が売りと言語化したので、「腹筋を鍛える」ではなく「『腹脂肪』を燃焼させる（秘密）」という視点はまさに「真のメソッド」と言えるでしょう。
　また、ターゲットは今まで「腹筋を鍛えれば良い」と思っていたので、ターゲットが気づいていない秘密についてもクリアしています。
　もしこれが、次のような言語化だったらどうでしょうか。

● シークレットスクリプトの言語化NG例（ダイエットトレーナー契約の場合）

> ×「ビール腹」を凹ませたいなら、腹筋を割ること

　「腹筋の割り方」で検索すれば YouTube 動画で筋トレ方法が出てきそうです。加えて、ターゲットは「腹筋を割らないといけない」という解決策（秘密）にはすでに気づいています。それにもかかわらず、ソルブスクリプトで「真の『腹筋割メソッド』」と言われても、「YouTube で見るトレーニ

ングと同じだろう」と思われて終わりです。

　この商品で解決できることは、正確には「腹脂肪を燃焼させて、隠れてしまっている割れた腹筋を見せること」でした。最終的に「割れた腹筋」が現れることは他の筋トレと同じですが、その過程が異なるので、そこを言語化しなければ「秘密（解決策）」を言語化できたことにはなりません。

　シークレットスクリプトは、❸ソルブスクリプトで設定した商品の売りと照らし合わせながら、ターゲットが驚くような秘密を言語化することが大切です。

❺逆算設計5：ストーリースクリプト

　ストーリースクリプトで、「秘密（解決策）」に気づかせるための経験談を言語化します。ここで大切なのは、ターゲットに「自分の話だ」と思わせるストーリーを描けるかです。「当事者意識」を持ってもらうことが、商品をより魅力的に見せるコツです。

　「ダイエットトレーナー契約」の例を思い出してみましょう。次のように、ストーリースクリプトを言語化していました。

● ストーリースクリプトの言語化（ダイエットトレーナー契約の場合）

> ぽっこりお腹を、「自宅の筋トレ」で解決しようとしている人は「無謀」です。
> 20代でぽっこりお腹に悩み、スーツを着るのが恥ずかしかった私が、「自宅筋トレ」を卒業したら、バキバキ腹筋になれたので本当です。
> 今ではジムのトレーナーを務めるほどの体になりました。

　経験談を利用してターゲットが思い描く理想を描きました。

　「20代でぽっこりお腹に悩み、スーツを着るのが恥ずかしかった」というbeforeが「ターゲットの現在」、「『自宅筋トレ』を卒業したら、バキバキ腹筋になれた」というafterが「ターゲットの未来（理想）」と想像ができるように言語化しています。

　ポイントは、具体的な言葉を入れて、ターゲットに想像させることです。特にbeforeには「20代でぽっこりお腹」や「スーツを着るのが恥ずかし

かった」といった映像でイメージできる言葉を入れると効果的です。どれかに当てはまった人に「当事者意識」を持ってもらえます。

それによって after が一気に「自分の理想（未来）」のように見えてくるので、商品への興味を高められます。

また「ぽっこりお腹を『自宅の筋トレ』で解決しようとしている人は『無謀』です。」のように、次の「秘密」につながるような内容をやんわりと入れておくようにしましょう。

● 購入者の反論を自然に処理できる設計

❶〜❺の順に、購買から逆算して言語化することで、購買に向けて消費者の心理をスムーズに移行できます。消費者の中に湧き上がるいくつもの「反論」を、順に処理できる設計になっているからです。

商品の効果を過大に見せても、後のクレーム（反論）を発生させるだけです。それを防ぐためにも、商品を中心に「逆算」して考えることをお勧めします。

● 購買心理がわかると設計がうまくいく

本章では X（Twitter）プロダクトマーケティングの基本である「商品が売れるメカニズム」について解説しました。

「消費者の購買 5 STEP」に合わせたテンプレートを用いて、あなたの商品やサービスを言語化することは、この後の「セールスファネルの設計」や「アカウント設計」、「ツイート作り」の下準備です。

X（Twitter）プロダクトマーケティングを正しく機能させるために、事前に顧客心理を理解しておくようにしてください。

消費者の購買5STEP

（逆算設計）	やること	条件
STEP5 オファー スクリプト	オファーを決める	● 商品／サービスと 　相性の良いオファー ● ターゲットの反論を 　処理するオファー
STEP4 プロミス スクリプト	約束できることを 伝える	● 社会的証明 ● 実績（変化） ● 約束できるベネフィット
STEP3 ソルブ スクリプト	商品の売り （コンセプト）を 伝える	● プロミススクリプトで 　決めた、約束を守れる商品 　設計であること
STEP2 シークレット スクリプト	秘密の情報を 決める	● 商品の売りにつながること ● 読者が気づいていない情報 　であること
STEP1 ストーリー スクリプト	読者の気づいてい ない問題に気づか せ、その問題を解 決する秘密がある ことを伝えるため の経験談を決める	● 読者に当事者意識を 　持たせること

第 **6** 章

販売のための 2W1Hの言語化

本章ではプロダクトマーケティング領域の2W1Hの言語化を行います。2章で解説したフォロワーの獲得を目的としたメディアマーケティング領域の2W1Hとは異なり、見込み客や顧客の獲得が目的です。

「Who（誰に）」「What（何を）」「How（どのように）」を明確にして、セールスファネルやアカウントの設計、ツイート作りに活かしていきましょう。

6-1

プロダクトマーケティングの2W1Hを言語化する

● メディアマーケティングとの違い

　本章では「商品・サービス」に CV させるための **X（Twitter）プロダクトマーケティング領域における「2W1H」の言語化**について解説します。
　第 2 章で解説した X（Twitter）メディアマーケティング領域の「2W1H」は、フォローされるアカウントや拡散されるツイートを設計するための言語化でした。X（Twitter）プロダクトマーケティングでは、見込み客や顧客を獲得するアカウントやツイートの設計を行うために、言語化を行います。

「2W1H」

Who	誰に	
What	何を	届けるかを言語化する
How	どのように	

　序章で解説した通り、メディアマーケティングは集客のためのマーケティングで、フォロワーを獲得するための領域です。一方で、プロダクトマーケティングは販売するためのマーケティングで、そのゴールは商品やサービスの販売です。そしてこの2つを掛け算したものが、いわゆる「SNSマーケティング」と呼ばれます。

　下図のように、2つのマーケティング領域は重なるように存在しますが、X（Twitter）のフォロワーがみんな、あなたの商品を買ってくれるわけではありません。フォロワーの中には商品やサービスの「見込み客」と「見込み客じゃない人」の2種類がいるのです。つまり、メディアマーケティングとプロダクトマーケティングには共通する部分がありますが、「2W1H」を詳細に言語化すると、これらは異なります。

2つのマーケティング領域

メディアマーケティング

「人や情報」に
CVさせる

集客

プロダクトマーケティング

「商品やサービス」に
CVさせる

販売

　それゆえ、2つのマーケティング領域がどのように連動して、どのように差別化するのかを、しっかり理解することが、本章の要です。

6-2

プロダクトマーケティングの「Who（誰に）」の言語化

● 購買のターゲットを言語化する

X（Twitter）プロダクトマーケティングにおける「Who（誰に）の言語化」とは、**商品やサービスを購入するターゲット**を言語化することです。

このターゲットは「見込み客」と「潜在顧客」の2つに分けられます。

● 2つのターゲット

- 見込み客
- 潜在顧客

「**見込み客**」とは、未購入・未利用だが商品・サービスに対して興味・関心があり、購入する可能性のある未来の顧客です。

「**潜在顧客**」とは、商品・サービスをまだ知らない、もしくは商品・サービスにまだ興味・関心がない未来の顧客です。

■ 潜在顧客を見込み客へ

X（Twitter）ではまず「潜在顧客」を「見込み客」へと昇華させる必要があります。第5章の5-2でも解説しましたが、X（Twitter）を利用している人の多くはAIDAモデルの「認知」段階のため、商品・サービスを紹介しても興味は示しません。

まず潜在顧客が見込み客になってはじめて、商品を購入する可能性がで

てきます。

X（Twitter）プロダクトマーケティングにおける顧客の遷移

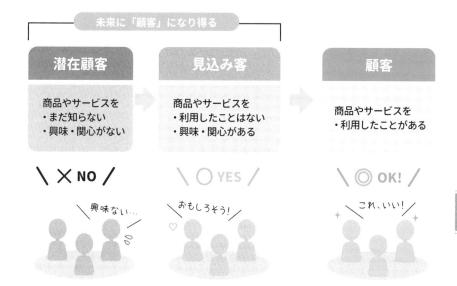

　（見込み客になり得る）潜在顧客がどのような人かを知っておくことは、無駄な情報発信を避けることにもつながります。

　例えば「ダイエット系アカウント」で女性向け商品を扱うアカウントにも関わらず、やみくもに発信をして女性だけでなく男性に届いてしまった場合、この発信は無駄になります。

　見込み客に昇華する可能性のないユーザーは潜在顧客ではありません。商品やサービスをまだ知らない人すべてが潜在顧客ではなく、「未来の顧客」になり得る人が「潜在顧客」です。

　潜在顧客ではない人にアプローチしても無駄なコストを使うだけなので、これを防ぐためにも、見込み客とあわせて潜在顧客も言語化しておきましょう。

　見込み客の条件は、次の3つの条件にあてはまるかで考えます。

● 見込み客の3条件

❶「悩み」を抱えているか
❷「緊急性」はあるか
❸「メディアマーケティング」との連動

順に詳しく解説していきます。

❶「悩み」を抱えているか

第一に、ユーザーに解決したい「悩み」があることが見込み客の絶対条件です。悩みがなければユーザーに「欲しい（解決したい）」という感情は生まれないため、商品・サービスに興味を持つことはありません。

そのため、見込み客には必ず「悩み」があって、その悩みをあなたの商品やサービスで解決できるかが、見込み客の判断基準となります。

次に「潜在顧客」について考えていきます。「男性向けの痩せるためのパーソナルトレーニング」を提供しているとしたら、どのようなツイートで悩みに気づかせるのが適切でしょうか。

筆者なら、次のようなツイートを発信します。

● 潜在顧客向けのツイート（問題に気づかせる）

・20〜30代の女性500名に聞いた！ モテる男性の共通点【10選】

「モテる男性」の共通点に「細マッチョ」が入っていたら、お腹が出ているモテたい男性に「女性にモテるために痩せないと！」と気づかせることができます。

潜在顧客が問題に気づいたら、次のような発信でパーソナルトレーニングへの興味を高め、サービスへとつなげます。

● 潜在顧客向けのツイート（商品への興味を高める）

・毎日たったの10回でOK！ お腹が凹む腹筋の仕方

　これが X（Twitter）で、潜在顧客から見込み客へ昇華させる方法です。

　X（Twitter）では潜在顧客と見込み客のそれぞれに合わせて、発信を行うことが必須です。

　そのために、それぞれ「どのような人なのか」をしっかり考えておく必要があり、その中心にあるのが見込み客の「悩み」です。具体的に「どのような悩みを持っているのか」を考えて「Who（誰に）」を言語化します。

❷「緊急性」はあるか

　言語化した「悩み」に「緊急性」があるかを確認します。「緊急性」があると、購買意欲がぐっと高まるからです。

　簡単な事例で解説します。

　例えば、体調を崩すことが少ないため、あなたの家には体温計がないとします。ただ、必要なときになくて不便な思いを以前したので「1つくらい常備しておいてもいいかな」とは思っています。

　ほとんどの人は、このような状況でわざわざ「次の週末に体温計を買いに行こう」とは思いません。ドラッグストアに行く予定があればついでに買うことはあるかもしれませんが、体温計のためだけに足を向けることはないでしょう。

　しかし、そこで生まれたばかりの赤ちゃんの体調が崩れたらどうでしょう。すぐにでも体温計で熱を計りたいと思いますよね。ドラッグストアが閉店した後であれば、多少高くてもコンビニで買ってしまうはずです。

　これが「緊急性」がある状態です。「どうしても欲しい」という気持ちが強くなります。

　プロダクトマーケティングでのターゲットの悩みについては、次のようなものが緊急性になり得ます。

第6章　販売のための2W1Hの言語化

● 緊急性の例（痩せたいという悩みの場合）

ターゲット（Who）	悩み	緊急性の例
20〜30代の女性	痩せたい	1ヶ月後に迫る結婚式のために
成人を迎えた女性		成人式で久しぶりに友人たちと集まるから
20代の独身男性		再来週に友人と海に行くことになったから
40代の既婚男性		部下から尊敬されたいから

重要なのは、ターゲットによってその「緊急性」は異なるということです。同じ「痩せたい」という悩みでも、まだまだモテたい20代の独身男性と、モテたいは卒業してキャリアを積んでいきたい40代の既婚男性では、緊急性が異なります。

　ターゲット（Who）にとって何が一番「緊急性」があるのかを言語化することで、購買率が高まります。

❸「メディアマーケティング」との連動

　プロダクトマーケティングで言語化した「Who（誰が）」が、メディアマーケティングの「Who」と連動しているかどうかを確認します。

　この2つは混同してはいけないものですが、まったくの別物でもありません。大事なのは、2つのマーケティング領域に連動性がありながら、それぞれを切り分けて考えられることです。

　筆者の事例で解説します。

　筆者のアカウントのメディアマーケティングにおける「Who」は、「ビジネス意識の高い社会人」です。一方で、プロダクトマーケティングの「Who」は、「マーケティングへの興味が強い人」と言語化しています。

Who（誰が）の言語化（筆者の例）

「見込み客」（プロダクトマーケティングの Who）の言語化では「専門職」「経営者・マーケティング担当」以外にも「これからマーケティングを勉強したい人」「営業職でもマーケティングの要素を取り入れたい人」なども筆者の商品で解決できます。そのため、最大値となる「マーケティングへの興味が強い人」と言語化しました。

一方、メディアマーケティングの Who は、ある程度のマーケットサイズが必要でした。そのため、ターゲットの解像度とのバランスがちょうどいい「ビジネス意識の高い社会人」が見込みフォロワーの最大値となります。

メディアマーケティングとプロダクトマーケティングの Whoの関係

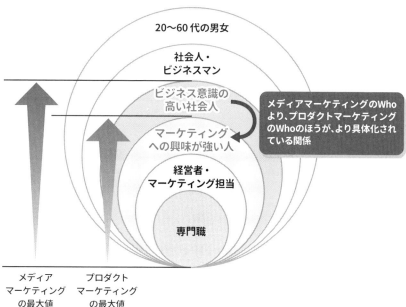

上図のように、プロダクトマーケティングの Who は、メディアメーケティングの Who に含まれるような形で連動しているのが望ましいです。

X（Twitter）プロダクトマーケティングは「商品・サービスの購入」がゴールなので、ターゲット（Who）の明確な悩みが必要です。悩みはターゲットによって異なるので、ターゲット像を深掘りしなければ刺さりませ

ん。そのため、メディアマーケティングの Who よりも具体化しています。

なお、「ビジネス意識の高い社会人」の中には「美容に興味のある人」「不動産に興味のある人」「投資に興味のある人」などもいます。しかし、これらの人々は筆者の商品では解決できないので、ターゲットとして言語化してはいけません。

Whoの言語化の注意点

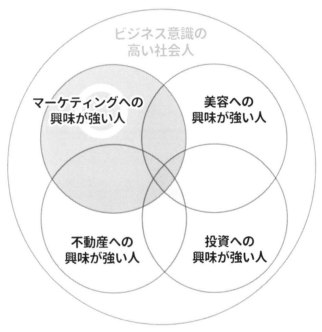

自身の商品で問題解決できる人を言語化する

◉ 悩みを解決できる人か

X（Twitter）プロダクトマーケティングにおける「Who（誰に）」の言語化では、「自分の商品で問題解決できる人か」という視点で深掘りします。その上で、「緊急性の高い悩み」があり、「メディアマーケティングのWho」と連動性があるかを確認します。

6-3

プロダクトマーケティングの「What（何を）」の言語化

◉ 商品・サービスの価値の言語化

　X（Twitter）プロダクトマーケティングの「What（何を）」は、商品やサービスが与える「価値」のことです。

　ビジネスはソリューションで成り立っているので、「What（何を）」はターゲットの問題を解決することが大前提です。あなたの商品・サービスが「本質的に何を提供するのか」を言語化します。

　ここでは**消費者インサイト**（本音）をもとにコンセプト（What）を導き出すことが重要です。ゆえに、次の3つについて解説します。

❶ 消費者インサイトの重要性
❷ 消費者インサイトの見つけ方
❸ 売れるコンセプトの設計

❶消費者インサイトの重要性

　第2章の2-3でも触れましたが、消費者インサイトとは、ユーザーの「本音」のことです。

プロダクトマーケティングの視点で考えると、このインサイトが「購入したい！」という気持ちを行動へと移させる「シグナル」になっていると言えます。

　つまり、「人はなぜ商品を買うのか？」、「どのような商品を求めているのか？」というインサイトを理解できれば、商品を売ることはそれほど難しくはないということです。

　事例を用いて、消費者インサイトについて考えていきましょう。

　「毎日忙しいサラリーマン」をターゲットとした美容院を経営する場合、どのようなコンセプトで出店するでしょうか。多くの人は次のようなコンセプトを考えます。

● 美容院のコンセプトの例

- どこよりもカットが早い！
- どこよりも安い！
- どこよりもカラーに自信がある！

　いずれも悪くはありませんが、今回のターゲットにはふさわしくありません。「毎日忙しいサラリーマン」の本音（インサイト）は次の通りです。

● 毎日忙しいサラリーマンのインサイト

- 美容院に、休日の時間を使いたくない

　多くのサラリーマンの休日は週１〜２日です。貴重な休日には、次のようにやりたいことがたくさんあります。

● サラリーマンの休日

- 趣味に時間を使いたい
- 家族サービスをしたい
- 友人や恋人と出かけたい
- リスキリングしたい
- たっぷりと体を休めたい

　美容院に行く場合、半日は時間がつぶれます。そのため、美容に特別な興味がないサラリーマンにとっては「半日も美容院に使うのは嫌だ」が本音なのです。

　そこで生まれたコンセプトが「深夜営業の美容院」です。出店場所は、平日仕事帰りに立ち寄ることができる「駅前」や「大通り沿い」がいいでしょう。実際に、多くのサラリーマンが仕事後に来店しているそうです。

　これが「小さな子どもがいるママ」がターゲットの美容院であれば、消費者インサイトは「子どもと一緒に平日に気軽に行きたい」となります。コンセプトは「ベビーシッターのいる美容室」です。車で行ける（自宅近くや住宅街で可）、駐車場のある場所がいいでしょう。

（例）美容院を出店する場合

毎日忙しいサラリーマン	ターゲット	小さな子どもがいるママ
美容院に休日の時間を使いたくない	消費者インサイト	子どもと一緒に平日に気軽に行きたい
深夜営業の美容室	コンセプト	ベビーシッターのいる美容室
仕事帰りに行ける場所（駅前や大通り沿い）	集客方法	車で行ける場所（住宅街でOK／駐車場あり）

　このように、消費者インサイトは「売れる商品コンセプト（What）」の設計に必須です。売れるコンセプトが明確になるからこそ「集客方法」も決まります。

　X（Twitter）プロダクトマーケティングでは、集客方法がツイートにあたるので、これが言語化できなければ、集客ツイートも作成できないというわけです。

❷消費者インサイトの見つけ方

消費者インサイトを見つける手順は次の通りです。

● 消費者インサイトを見つける手順

STEP 1　ヒューマンインサイトのリサーチ
STEP 2　カテゴリーインサイトのリサーチ
STEP 3　課題（心理バリア）を言語化する

　販売するサービスを「Web デザインスクール」、ターゲットを「在宅ママ」として、消費者インサイトを見つける手順を解説します。

STEP 1　ヒューマンインサイトのリサーチ

　「**ヒューマンインサイト**」とは消費者自身が抱える感情や興味・関心のことです。このケースでは、商品である「Web デザインスクール」とは関係なくターゲットである「在宅ママ」が普段何を思っているのかを調べます。
　ヒューマンインサイトを見つけるポイントは「**言いたいけど、言えない欲求**」に目を向けることです。該当する感情をどんどんピックアップしていくことでヒューマンインサイトが見えてきます。
　X（Twitter）でのヒューマンインサイトの調べ方は次の通りです。

● X (Twitter) でのヒューマンインサイトの調べ方

- ターゲット（今回は「在宅ママ」）に関連するバズツイートのリプライと引用RTをチェック
- ターゲットに関連する、特定のキーワードで検索をしてチェック
- 見込み客になり得るだろう人の、ツイートやリプライをチェック

　X（Twitter）ではリサーチに使える便利なコマンドがあります。X（Twitter）のキーワード検索フォームで、次のコマンドを使って調査してみてください。「主婦」の部分は自分のターゲットを表すキーワードに読み替えます。

● X（Twitter）で調査に使える検索コマンド

X（Twitter）検索コマンド	コマンドの内容
主婦 min_retweets:1000	「主婦」というキーワードの入った1,000RT以上の投稿を表示
主婦 min_faves:1000	「主婦」というキーワードの入った1,000いいね以上の投稿を表示
主婦 min_replies:1000	「主婦」というキーワードの入った1,000リプライ以上の投稿を表示

第6章
販売のための2W1Hの言語化

　X（Twitter）以外のSNSやYahoo!知恵袋、Google検索なども利用して同様のリサーチを行ってください。
　ネットで調べるだけでなく、ターゲットとなり得る人にアンケートをしたり、ヒアリングしたりすることも有用です。隠された本音を見つける必要があるので、できる限りの調査をするようにします。
　今回のターゲットである「在宅ママ」に関して筆者が調べたところ、次のようなインサイトが見えてきました。

● 在宅ママのインサイト

- 子育てしながら、在宅で稼げたら嬉しい
- 心に余裕がある日常を過ごしたい
- 子どもに怒ってばかりの自分が嫌いだ
- 好きなときにランチに行ける余裕が欲しい
- 旦那が稼ぎのことでマウントしてくるのが、ウザい
- 毎月貯金ができないと不安で仕方ない
- インスタグラムでの発信に興味がある

言語化できたら次のステップに進みましょう。

STEP 2　カテゴリーインサイトのリサーチ

　「**カテゴリーインサイト**」とは、消費者が商品に対して抱えている潜在的な感情です。今回のケースでは「在宅ママ」が「Webデザインスクール」についてどのように感じているかを調べます。

　カテゴリーインサイトを見つけるポイントは「**心理バリアとなっている感情**」を意識してリサーチすることです。例えば「値段が高いから買いたくない」のような「**購入しない理由**」になっている感情を見つけます。

　例えば、モノを買うときにもっとも多い心理バリアが「値段が高いから買いたくない」です。

　心理バリアのリサーチ方法は **STEP1** と同じです。X（Twitter）や他のSNS、Yahoo! 知恵袋、Google 検索などで調べたり、ターゲットへのアンケートやヒアリングも行ってください。

　筆者が行ったカテゴリーインサイトのリサーチからわかった「在宅ママから見た Web デザインスクールに対する本音」は次の通りです。

● 在宅ママから見たWebデザインスクールに対する本音

- 費用が高すぎて払えない
- 子どもの世話で、夜中しか時間が取れない
- 40代でも Web デザイナーの職が身につくのかが、疑問
- スクール費用を回収できるかが、不安
- プロのデザイナーになる気はない
- 在宅でできる仕事なら、月5万〜10万円でもかなり嬉しい
- 本当に在宅でできる仕事なのかを疑っている
- 独学で学べるレベルの仕事ではないと思っている
- Webデザインのことを調べると、情報がバラバラで理解できない
- スクールのサイトをたくさん見すぎて、何が良いのかわからない

STEP 3　課題（心理バリア）を言語化する

　消費者インサイトを言語化するポイントは、「何が課題（心理バリア）になって、商品を手に取っていないのか？」を明らかにすることです。その

課題を取り除くことができれば、購入のハードルを下げられます。

　今回のケースでは次の点が大きな心理バリアになっていました。箇条書きで良いので書き出しましょう。

● 在宅ママのWebデザインスクールへの心理バリア

- スクール費用をドカンと払えない
- 子育てしながら、費用を回収できるか不安
- 子どもがいるので、学べる時間が限られている
- 本当に自分でできるのかを早く知りたい（時間を無駄にしたくない）

　次に、課題（心理バリア）が出る理由を言語化します。

● 課題が出る理由

- 月に30万円を稼ぐようなプロのデザイナーを目指すスクールの情報を見ているから
- デザインだけでなく、コーディングなどの他のスキルも要求される職種について調べているから

　最後に、言語化した課題（心理バリア）とその理由から、ターゲットのインサイト（本音）を導き出します。

● 在宅ママのWebデザインスクールに対するインサイト

- 月5万〜10万円稼げたら良い
- プロのWebデザイナーになりたいわけじゃない

　在宅ママが求めているのは「プロのデザイナーになって、バリバリ働く」ことではありません。在宅で5万〜10万円稼げるくらいで十分なのです。

　このように、課題と本音の間にギャップがあるため心理バリアが乗り越えられないことがわかりました。ここをクリアするように、次の「売れるコンセプト（What）」を考えていきます。

第6章　販売のための2W1Hの言語化

235

❸売れるコンセプトの設計

　ビジネスはソリューションですので、「売れるコンセプト（What）」はインサイトを解決できるものでなければいけません。

　ここまでで、現在あるのは「月30万円稼げるようになるためのWebデザインスクール」で、月に5万〜10万円程度稼げれば良い在宅ママの本音とはギャップがあることがわかりました。このギャップを埋めるために、もう少し深掘りしていきましょう。

　「月に30万円稼げる」ようになるためには、コーディングやプログラミングなどデザイン以外のスキルも必要です。デザインスキルもPhotoshopやIllustratorなどのツールを使った高度なデザイン技術習得が含まれるため、高額なスクール費用になっています。

　一方で、在宅ママは月5万〜10万円稼げれば良いので、コーディングやプログラミングの知識、さらにPhotoshopやIllustratorのスキルは必要なく、Webデザインに必須のスキルに絞っても良さそうです。

　つまり、学べる技術を限定して価格を抑えれば、本音と課題のギャップを埋めて心理バリアを乗り越えられると考えられます。

● 学べる技術を限定して価格を抑える

> ● デザイン知識だけを提供することで、お求めやすい価格に
> 　（コーディングやプログラミングの知識は含まない）
> ● 月5万〜10万円を稼ぐビジョンが見える内容
> ● 未経験の主婦にも身につけられるスキル（Canva程度）に限定
> ● 在宅で、稼げるスキルが短期で身につく

※Canvaは無料で利用できるデザインツール

　これらを「コンセプト」としてまとめると次の通りです。

● 在宅ママ向けWebデザインスクールのコンセプト

> Canvaで YouTubeのサムネイルや
> X（Twitter）のヘッダーを制作するデザインスクール

一般的なWebデザイナーと
月5万〜10万円稼ぎたい「在宅ママ」の比較

一般的な Web デザイナー

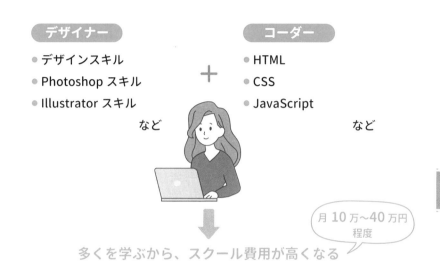

デザイナー
- デザインスキル
- Photoshop スキル
- Illustrator スキル

など

＋

コーダー
- HTML
- CSS
- JavaScript

など

月 10 万〜40 万円
程度

多くを学ぶから、スクール費用が高くなる

月 5 万〜10 万円を稼ぎたい「在宅ママ」なら

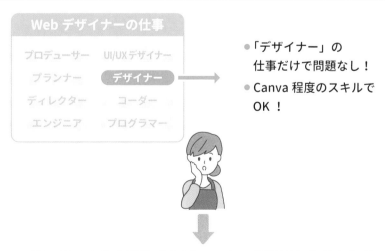

Web デザイナーの仕事

プロデューサー	UI/UXデザイナー
プランナー	デザイナー
ディレクター	コーダー
エンジニア	プログラマー

- 「デザイナー」の仕事だけで問題なし！
- Canva 程度のスキルでOK！

学べるスキルを限定すれば、スクール費用を抑えられる

「Web デザイナー」といっても在宅ママには「デザイナー」のスキルだけで十分ということが消費者インサイトから読み取れました。必要なスキルに絞ることで、受講料を下げて心理バリアを乗り越える「売れるコンセプト（What）」を設計できました。

◉ インサイトが「What」を言語化するカギ

　「売れる What」を設計するには「消費者インサイト」が明確になっていることが重要だと理解できたと思います。

　インサイトを導き出すには時間を要しますが、X（Twitter）プロダクトマーケティングの設計図の要となりますので、しっかりと行っていきましょう。

6-4

プロダクトマーケティングの「How（どのように）」の言語化

● どのように商品・サービスを販売するか

ここでは、どのように商品やサービスを販売するかを言語化します。

実際には「セールスファネル」を設計し、どのような「ツイート」で見込み客を集めるのかを考えていく部分です。これらの詳細な設計方法は第7〜9章で解説するので、ここでは「How（どのように）」の前提条件を理解しましょう。前提条件は次の3点です。

❶ ユーザー起点の「これ欲しい！」が鍵になる
❷ ターゲットと商品の相性を考慮する
❸ Howに正解はない

❶ユーザー起点の「これ欲しい！」が鍵になる

第2章の2-4でも解説しましたが、プロダクトマーケティングの「Howの言語化」においても「ユーザー起点」で考えることが大切です。

ユーザー起点とは「どうしたらWhoにWhatが伝わるのか」という視点で考えることです。逆に「WhatをWhoにどう伝えるのか」は「情報起点」での考え方でした。詳細は第2章の2-4を参照してください。

プロダクトマーケティングでは「ユーザー起点」で商品やサービスをいかに魅力的に伝え、「これ欲しい！」と思ってもらえるかが鍵となります。

239

❷ターゲットと商品の相性を考慮する

「How（どのように）の言語化」では、ターゲットと商品の相性を考えて設計に盛り込んでいきます。相性とは「どうしたらスムーズに受け入れてもらえるか」を考えることです。

「パーソナルトレーニング」を販売するケースで説明します。

顧客の視点で考えた場合、トレーナーの顔も人柄もわからない状態で、いきなり「1対1」でトレーニングの指導を受けるのは抵抗があるのが本音でしょう。自分と合う人かどうか不安を覚える人がほとんどだと思います。

これが「ターゲットと商品の相性が悪い」状態です。はじめからパーソナルトレーニングを受け入れてもらうのは難しいのです。

「パーソナルトレーニング」の訴求

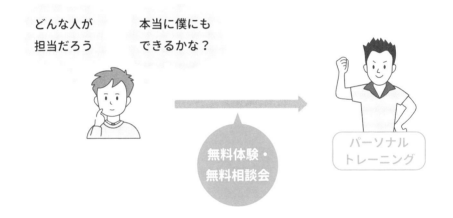

相性の悪さを解決するため、「無料体験」や「無料相談会」を開いて、顧客とコミュニケーションをとるステップが必要だとわかります。このステップによって顧客との距離が縮まって信用されると、パーソナルトレーニングを購入してもらえる可能性が出てくるというわけです。

同じカテゴリーの商品に「SNSコンサルティング」があります。「SNSコンサルティング」も対人サービスなので、相手の正体がわからない状態ではCVしません。

　特に SNS では「騙されたらどうしよう」という心理バリアが強い人も多いので、商品販売前に「無料相談」や「セミナー」を開催して人柄を知ってもらい、信用してもらうことが必須のステップです。

　物販の場合も考えましょう。

　「本」を購入するとしたら、顧客にはどのような本音があるでしょうか。

　「誰が書いたか」や「どのような内容が書かれているのか」が気になるはずです。

　そこで、デジタル書籍なら「試し読み」がありますし、実店舗販売なら立ち読みで内容を確認してから購入しますよね。

　このように、対人サービスに限らず相性はあります。商品によって無料サンプルを提供したり、返金保証をつけたり、相性の悪さを解決する手段（ステップ）はさまざまですが、ターゲットと商品の相性を考慮して設計する工程は必須であると言えます。

❸Howに正解はない

　X（Twitter）プロダクトマーケティングの「How（どのように）」は、「どのように商品やサービスを販売するかを言語化すること」と説明しました。

　つまり「どのように訴求するのか」「どのように販売するのか」という「伝え方」や「売り方」を検討するもので、その方法は無数にあります。

　そのため、答えは1つではありません。言語化した方法の結果（数値）を見て改善し、ブラッシュアップしていくのが「How」です。

　CVRやクリック率、インプレッション数などの指標をチェックして、次のような観点から「Howの検証」を繰り返し行います。

- どのようなサムネイルをツイートするとクリック率が上がるか
- 無料セミナーと有料セミナーのどちらが成約率や売上が高いか
- LP（ランディングページ）で、CVしやすいCTA（行動喚起）の言葉（マイクロコピー）は何か

（例）Howの検証のイメージ

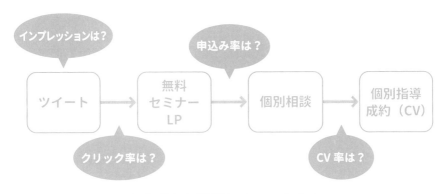

さまざまな指標をチェックする

「How の検証」では、販売導線そのものの検証からコピーの検証まで、マクロとミクロの両方の視点で行います。中には、意外な要素の改善で結果が大きく向上することがあります。

筆者の場合、LP（ランディングページ）の CTA（行動喚起。「購入」や「資料請求」など）のボタンに入れる文言（マイクロコピー）変えただけで、クリック率が約 4 倍になったことがありました。

CTAボタンのマイクロコピーの改善

商品・サービスの CV がうまくいかない原因が何かは、結果（数値）から検証するしかありません。常に試行錯誤するのがマーケティングの基本ですので、改善を繰り返して成功率を高めましょう。

◉「How」の根幹にある3つの前提条件

　「How の言語化」の具体的な方法は第 7 章以降のセールスファネル設計やツイートの作り方で解説します。

　設計の根幹には「ユーザー起点の伝え方」「ターゲットと商品の相性」「How に正解はない」という 3 つの前提条件があることを覚えておいてください。

『プロダクトマーケティング「2W1H」の言語化』

「Who（誰に）」のチェック	チェック
あなたの言語化したWhoは、潜在顧客と見込み客のどちらにあたるかを理解しているか？	☐
そのWhoは解決したい「悩み」を抱えているか？	☐
その悩みに「緊急性」はあるか？	☐
メディアマーケティングで言語化したWhoと連動しているか？	☐

「What（何を）」のチェック	チェック
ターゲットのヒューマンインサイトを、10個以上書き出したか？	☐
ターゲットのカテゴリーインサイトを、10個以上書き出したか？	☐
ターゲットが商品を購入しない課題（心理バリア）はまとまったか？	☐
あなたの商品やサービスのコンセプトは、ターゲットの課題を解決できるか？	☐

「How（どのように）」のチェック	チェック
ユーザー起点で、商品やサービスの価値を"伝わる"ようにできているか？	☐
商品設計はターゲットとの相性を考慮しているか？	☐
販売導線の改善指標とチェック箇所は、明確になっているか？	☐

第 **7** 章

売れるセールス
ファネルの設計

X（Twitter）はあくまで集客の場であり、商品・サービスの販売
をする場所は「セールスファネル」です。セールスファネルとは
販売導線のことで、売上を立てるために適切な設計が求められ
ます。
そこで本章では、X（Twitter）で売上につながるセールスファネ
ルの設計手法について解説します。

7-1

商品を売るための販売導線を設計する

● X(Twitter)は商品を売る場所ではない

セールスファネルとは「商品の販売導線」のことです。プロダクトマーケティングの視点で設計を行います。全体像は次の通りです。

X(Twitter)とセールスファネルの関係

　図のように、X（Twitter）はメディアマーケティングやプロダクトマーケティングで集客する場所で、「商品を販売する場所」ではありません。商品を販売する場所は「セールスファネル」です。

● リストマーケティング

　しかし、X（Twitter）で商品をダイレクトに販売しているケースが見受けられます。マーケティングの観点からはこの方法は推奨できません。
　X（Twitter）上で商品を販売するということは、見込み客（リード）を獲得していない状態でセールスするということなので、販売の成功率が低くなるうえ、失敗した後のリマーケティングが難しく、顧客数も LTV（Life Time Value ／顧客生涯価値）も伸ばせないからです。
　セールスファネルを使って、メルマガや LINE の「リスト」を獲得する**リストマーケティング**の手法をとっていたら、結果は異なります。

セールスファネルを使わない場合と使う場合

X（Twitter）でダイレクトに商品を販売

「セールスファネル」を設計して、リストを獲得してから商品を販売

リストマーケティングとは、見込み客や新規顧客のリスト（メールアドレスや LINE アカウント等）を活用して、信頼関係の構築・育成を行った後で、商品やサービスを販売する方法です。この方法なら、リストを獲得してからの販売なので、一度セールスに失敗しても、もう一度リストに対してリマーケティングを行うチャンスがあります。

　セールスファネルを使わない X（Twitter）上での販売は、失敗した時点で見込み客は販売導線を離脱するので、「機会損失」になってしまうのです。

　そのため「X（Twitter）からセールスファネルに見込み客を流し込んでいく」運用が望ましいです。

◉ 円滑に売れるセールスファネルの設計

　本章では「円滑に売れるセールスファネルの設計」について解説していきます。

　販売に「セールスファネル」を活用するといっても、それが売れる設計になっていなければ、いくら X（Twitter）からセールスファネルに人を流し込んでも、売上になりません。

　ギアが固まったシステムは、ないのと同じです。しっかりと潤滑油をさしてギアを回し、続々と売上につながるモデルを構築していきましょう。

7-2

「ターゲットの購買5STEP」を描く

◉ 購買からの逆算で言語化

第6章で言語化した「Who（誰に）」と「What（何を）」をもとに、第5章で解説した「消費者の購買5STEP」を描いていきます。

「消費者の購買5STEP」とテンプレートは次の通りです。

消費者の購買5STEP

STEP 1	STEP 2	STEP3	STEP 4	STEP 5
問題に気づいていない	問題に気づいたが、解決策を知らない	解決策を知ったが、手元に手段（商品）がない	どの手段（商品）にしようか悩んでいる	本当にその手段（商品）でいいか悩んでいる

テンプレート	ストーリースクリプト	シークレットスクリプト	ソルブスクリプト	プロミススクリプト	オファースクリプト
	経験談で「問題」に気づかせる	その問題を解決する「秘密（解決策）」を教える	その秘密（＝解決策）を実行するための「手段（商品）」を教える	この手段（商品）で問題解決できることを「約束」する	この手段（商品）を選んでもらうために「オファー」する

249

ターゲットが円滑にこのステップを進めるように、テンプレートに沿って問題と解決策について考えていきます。言語化の手順は「オファースクリプト」から「逆算設計」することがポイントでした（第5章参照）。

　なお、第5章ではわかりやすいように「訴求文」で解説しましたが、セールスファネルの設計の段階では箇条書きで言語化できれば問題ありません。

　言語化した「消費者の購買5STEP」は、次ページのように表でまとめておくのがお勧めです。ここでは第5章で解説した「ダイエットトレーナー契約」を例に挙げています。

◉ ターゲットの状態を詳しく考慮する

　「消費者の購買5STEP」の言語化で注意すべき点が「ターゲットのステージ（状態）」を考慮しておくことです。

　例えば「ダイエット」におけるターゲットのステージは次のようなものが考えられます。

● **ダイエットにおけるターゲットのステージ（状態）**

❶ ダイエットに興味がない人（自分に必要だと思っていない）
❷ ダイエットに興味があり、始めたいと思っている人
❸ ダイエットをすでに始めている人
　➡❸-1 ダイエット歴1ヶ月の初心者
　➡❸-2 ダイエット歴5年で、もはや趣味のようになっている人

　ダイエットの領域だけでも4種類（❶、❷、❸-1、❸-2）の人物像が浮かび上がりました。

　4種類のターゲットをそれぞれ深掘りしていくと「気づいていない問題」が異なることがわかります。「消費者の購買5STEP」のSTEP1「ストーリースクリプト」で伝えるべき「問題」が異なるということです。

　「❶ダイエットに興味がない人（自分に必要だと思っていない）」には「ダイエットをしなければいけない」ことに気づいてもらう必要があります。そのため「女性が苦手な男性の特徴5選」という情報を発信します。

● **消費者の購買5STEPの言語化**

	購買5SETP	テンプレート	言語化	
STEP 1	問題に気づいていない	ストーリースクリプト	問題提起	ぽっこりお腹は「自宅筋トレ」で解決しない
			経験	・20代でぽっこりお腹に悩んでいた ・スーツを着るのが恥ずかしかった ・自宅筋トレを卒業したら、バキバキ腹筋になれた
STEP 2	問題に気づいたが解決策を知らない	シークレットスクリプト	問題提起	ビール腹の腹筋を割るのに「筋トレ」は意味がない
			秘密の情報(解決策)	・腹筋の上には脂肪がある ・隠れている腹筋を見せることが必要 ・腹筋を鍛えるのではなく「腹脂肪を燃焼させる」
STEP 3	解決策を知ったが手元に手段(商品)がない	ソルブスクリプト	問題提起	YouTubeで検索しても「腹筋を鍛える」トレーニングしかない
			手段(商品)	・身体のプロが推奨する「腹筋割メソッド」と、「腹筋を鍛える」トレーニングは異なる ・自宅でできる「Zoomパーソナルトレーニング」がある ・「適合診断」で適合した人は、かなりの効果を期待できる
STEP 4	どの手段(商品)にしようか悩んでいる	プロミススクリプト	問題提起	効果があるのか、自分にできるのかが不安
			約束	・利用者はビール腹からおさらばできている ・2ヶ月で10kgも減量した人が、6割以上 ・1ヶ月で、効果を納得できる ・プロのノウハウを提供
STEP 5	本当にその手段(商品)でいいか悩んでいる	オファースクリプト	問題提起	本当に購入していいか、不安
			提案	・今なら「お試し価格」あり ・自分に合わなかったら「全額返金」 ・ただし、5名だけ(残り2名)

女性が苦手と感じる男性に「肥満体型で洋服が似合っていない男性」があることを見つけると、「痩せないと！」とダイエットの必要性（問題）に気づくというわけです。

　「❶ダイエットに興味がない人」に対しては、ダイエットではない「他の視点」から問題に気づいてもらうことが有効です。ここでは「モテる」や「異性」という視点からアプローチしました。

　一方で、これと同じ内容を「❸ダイエットをすでに始めている人」に伝えても、自分の問題とは捉えません。すでにダイエットを始めているので、その問題にはもう気づいているからです。

　この段階の人には「短期間で腹筋を絞るために、脂肪燃焼率を2倍にするレシピを知っていますか？」と伝えて「効果的に痩せられていない」という問題に気づかせるほうが有効と言えます。

■ ステージによって気づかせる問題が変わる

　このように「ターゲットのステージ（状態）」によって気づかせる問題が変わります。そのため第6章の「Who（誰に）」の言語化において「どのような悩みを抱えている人なのか」を明確にして、ターゲットの状態を言語化しておくことが重要です。

　ターゲット（Who）が明確になっているからこそ、ベストな「購買5 STEP」を描くことができます。逆に言うと明確になっていなければ、描いた「購買5 STEP」は機能しないので、注意してください。

● セールスファネルは改善が必須

　「消費者の購買 5STEP」が言語化できたら、次のようなセールスファネルに落とし込みます。

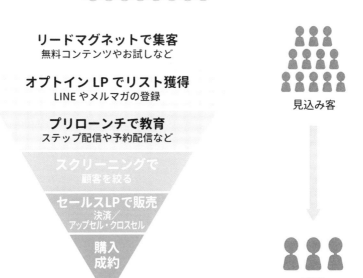

セールスファネル

リードマグネットで集客
無料コンテンツやお試しなど

オプトイン LP でリスト獲得
LINE やメルマガの登録

プリローンチで教育
ステップ配信や予約配信など

スクリーニングで
顧客を絞る

セールスLPで販売
決済／
アップセル・クロスセル

**購入
成約**

見込み客

顧客

　セールスファネルは完成したからといって、そこで終わりではありません。常に「改善活動」を行って、成功率を高めていきましょう。
　そこで、さらにセールスファネルの「精度」を高めるための、ダウンロードコンテンツを用意しました。本書の限定付録となりますので、ぜひご閲覧ください。読者特典ダウンロードについては 320 ページを参照してください。

『 セールスファネル設計 』

セールスファネル	チェック
リードマグネットは用意できたか？（秘密の暴露）	☐
オプトインLPは用意できたか？	☐
ターゲットの期待を煽る追加情報やコンテンツは用意したか？（プリローンチ）	☐
商品の購入前にスクリーニングを入れたか？	☐
セールスLPあるいは面談のスクリプトは用意したか？	☐
アップセルやクロスセルの準備は忘れていないか？	☐

第 **8** 章

売れる
アカウントの
設計

プロダクトマーケティング領域の2W1Hの言語化とセールスフ
ァネルが決定したら、X（Twitter）アカウントの設計に入りま
す。
商品やサービスにCVさせるために、見込み客を集客できるア
カウントを設計しましょう。そのポイントについて詳しく解説
していきます。

8-1

見込み客を集客できる
アカウントを作る

◉ アカウント設計に盛り込む4つのポイント

　プロダクトマーケティングは「商品・サービス」にCVさせる領域なので「売れるアカウント」を作ることが必要です。これは「見込み客を集客できるアカウントを設計する」とも言い換えできます。

　そのためには、アカウントに商品・サービスの情報を散りばめて、継続的に見込み客を獲得していくことが有効です。

　具体的には、次の4つをアカウント設計に盛り込みます。

● 売れるアカウント設計に盛り込む4つのポイント

❶ プロフィールリンクに「オプトインLP」を設置
❷ 固定ツイートに「最新プロモーション」を設置
❸ 「X Premium(Twitter Blue)」への加入
❹ ハイライトに「エバーグリーンローンチ」を設置

　それぞれ順に解説していきます。

8-2

プロフィールリンクに
「オプトインLP」を設置

◉ リンクから見込み客を獲得する

　X（Twitter）のアカウントのプロフィールには、「**オプトイン LP**」への
リンクを設置してください。オプトイン LP とは、メールアドレスや LINE
などを登録してもらうページで、見込み客リストを獲得します。

オプトインLPへのリンクとクリックを促す文章

見込み客のリストがあれば商品・サービスのローンチ時に直接アプローチが可能です。リスト数は多いほど売上を見込めます。そのため、その入り口となるオプトイン LP をプロフィールに設置することで継続的な見込み客獲得を狙います。

　あわせて、プロフィールの位置情報にオプトイン LP へのリンクのクリックを促す文言（CTA）を忘れずに入力するようにしましょう。

　前ページの筆者の例では「Voicy」（音声コンテンツを聴取できるオンラインサービス）のリンクを設置して誘導しています。

　オプトイン LP の用意がない場合は、このような見込み客の獲得につながる代替リンク先でも構いません。Voicy 以外にも次のようなページが「オプトイン LP」の代替先になります。

● **オプトインLPの代替リンク先**

> - 公式 LINE の登録 URL
> - お問い合わせフォーム
> - YouTube などの別のコンテンツの URL

　このように、プロフィールリンクは「持続的に見込み客を獲得する場所」として利用します。

8-3

固定ツイートに
「最新プロモーション」を設置

● ローンチの案内ツイートは必ず固定ツイートに

　自身が投稿したツイートの中から1つを、プロフィールページの上部に
固定できる固定ツイートには、一番訴求したい「最新プロモーション」を
設置します。

　プロモーションとは、「そのとき売り出したい商品・サービスの情報」で
す。固定ツイートはツイート上部に常時表示されるので、プロフィールに
アクセスした際に最も見られるツイートです。多くのユーザーに商品・サー
ビスを知ってもらうことでCVを高められます。

　そのためローンチ（商品やキャンペーンのリリース）の案内ツイートを
投稿したら、必ず固定ツイートに設定しましょう。

　プロモーションしたい投稿がないときは、「フォロー率の高いツイート」
や「バズツイート」を設置します。アカウントにアクセスしたユーザーに
「有益な情報を発信している人」だと思ってもらえれば、見込み客獲得につ
ながるからです。

キャンペーンのローンチ時の固定ツイート

プロモーションがない時はバズツイートを設定する

8-4

「X Premium
（Twitter Blue）」への加入

● X（Twitter）アルゴリズムの加点がある

　ビジネス目的でX（Twitter）を利用している場合は、**X Premium**（**Twitter Blue**）への加入を強く勧めます。X Premium（Twitter Blue）に加入するだけで、他者のタイムラインにツイートを載せるために必要なスコアが加点され、アルゴリズム的に優遇されるからです（最新Xアルゴリズム表を巻末に掲載）。

　詳細は第1章の1-3で説明しているのでここでは割愛しますが、費用は月額980円（または1,380円）なので必要経費と捉え加入しましょう。

X Premium（Twitter Blue）

Webサイト からの加入	アプリ （iOS・Andoroid） からの加入
⬇	⬇
月額 **980**円	月額 **1,380**円

8-5

ハイライトに「エバーグリーンローンチ」を設置

◉ ハイライトには継続的に見込み客や顧客を獲得できるコンテンツを

「**ハイライト**」とは、2023年6月にX Premium（Twitter Blue）の加入者向けにリリースされた機能です。自身のお勧めの投稿をプロフィールにある「ハイライト」タブにまとめられます。

固定ツイートは1つのツイートしか設定できませんが、ハイライトは複数のツイートを並べられるため、ツイートの「ポートフォリオ」のようなイメージで使えます。

X（Twitter）プロダクトマーケティングの観点から考えると、ハイライトには「**エバーグリーン**」に該当する商品・サービス、コンテンツ等の入り口を設置するのがお勧めです。エバーグリーンとは、長期的に顧客へ価値を提供し、継続的な利益をもたらすマーケティング手法です。いつまでも色あせず、長期間集客に貢献するため、ハイライトに設置することで、継続的に見込み客や顧客の獲得を狙います。

具体的には「ブログ記事」や「商品販売ページ」などへ誘導するツイートを設置することになりますが、それらがエバーグリーンに該当することを確認してください。

例えばブログ記事の場合、トレンド記事はエバーグリーンに該当しません。「ブログの始め方」や「5万円稼ぐためのロードマップ」のようないつ見ても価値のある記事を選択します。

「商品販売ページ」を掲載する場合も同様です。ハイライトには、期間限

定で販売する商品を載せてはいけません。販売期間を過ぎた後にユーザーがその投稿を見ても、何の価値もないからです。継続的に販売している商品を掲載するのが正解です。

筆者の場合は「Voicy」に誘導する投稿を設置していました。

ハイライトに設置する投稿の例

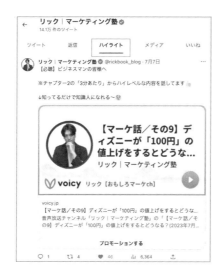

Voicy の視聴を増やしたかったのも大きな理由ですが、Voicy の内容は情報が古くなるようなトレンドの話ではなく、普遍的なマーケティングの話でハイライト向きのコンテンツであることから、選択しています。

このように、ハイライトを上手に活用することで見込み客の獲得を狙えます。ただし、単にツイートをまとめただけでは閲覧されないので、ハイライトへ誘導するようなツイートを発信したり、プロフィールに案内を入れたりなど、対策をするようにしましょう。

● アカウントで継続的に見込み客を獲得する

売れるアカウントにするためには、持続的に見込み客や顧客を獲得する手段を設計に盛り込んでいくことが必要です。

紹介した4つの手法は特に効果が出やすい方法なので、商品・サービスを持つ人は必ず設定してください。

第8章

売れるアカウントの設計

『 売れるアカウント設計 』

①プロフィールリンク	チェック
オプトインLPを設置したか？	☐
代替として、お問い合わせフォームや 公式LINEのリンクを設置したか？	☐
②固定ツイート	**チェック**
最新プロモーション（今一番訴求したいこと）を 設置したか？	☐
目を引くサムネイル（アイキャッチ）や動画を 添付しているか？	☐
最新プロモーションがない場合は、 フォロー率の高いツイートを設置したか？	☐
③X Premium (Twitter Blue)	**チェック**
X Premium (Twitter Blue) に加入しているか？	☐
④ハイライト	**チェック**
エバーグリーンコンテンツを設置したか？	☐
定期的にハイライトに誘導する投稿をしているか？	☐

第 9 章

売れるツイートの
作り方

商品やサービスへCVさせるためには、ツイートで問題を「認知」させて、商品・サービスへの「興味・関心」を高めることが必要です。

本章では、その役割を果たすため、「教育ツイート」「ティーザーツイート」「ローンチツイート」「サステインツイート」の4つに分けて、売れるツイートの作り方を解説します。

9-1

認知されて興味・関心へ
心理を動かすツイート

◉ ツイートで読者の心理を動かすには

　X（Twitter）プロダクトマーケティングにおけるツイートの役割は、問題（悩み）を「認知（Attention）」させて、商品・サービスへの「興味・関心（Interest）」を高めることです。ツイートで次のように読者の心理状態を動かします。また「**売れるツイート**」には次の4種類があります。

● ツイートで読者の心理を動かす

- 気づいてないない「問題」に気づかせる
- その「問題」への興味・関心を高める
- 「商品・サービス」に気づかせる
- 「商品・サービス」への興味・関心を高める

● 売れるツイートの種類

❶ 教育ツイート　　　❷ ティーザーツイート
❸ ローンチツイート　❹ サステインツイート

　「❶教育ツイート」は、潜在顧客を見込み客にするものです。商品のローンチ時以外でも定期的に発信します。「❷ティーザーツイート」「❸ローンチツイート」「❹サステインツイート」は、商品・サービスの購入につなぐためのツイートです。この売れるツイートで潜在顧客を見込み客に昇華させられれば、商品・サービスの販売がスムーズに行えます。

9-2

教育ツイート

◉ 見込み客を集客する

　「**教育ツイート**」とは、読者を「見込み客」に昇華させたり、「見込み客」を集客するためのツイートです。

　教育ツイートは、第4章で解説したX（Twitter）メディアマーケティング領域のツイートとあわせて、定期的に投稿します。必ず投稿したいタイミングは「バズったとき」や「ローンチの1〜2ヶ月前」です。

　「バズった」タイミングは、普段よりもたくさんの読者にツイートを見てもらえる可能性が高く、多くの潜在顧客へリーチできることが理由です。

　また「ローンチの1〜2ヶ月前」から教育ツイートを発信することで、見込み客を事前に獲得することができ、スムーズに購買へつなげられます。

　読者を「見込み客」に昇華させるためのツイートで効果的なのは、次の5つです。

● 「見込み客」に昇華させるための教育ツイート

❶ 「再現性」を感じさせるツイート
❷ 「権威性」を感じさせるツイート
❸ 「社会的証明」を開示するツイート
❹ 「理想」を描かせるツイート
❺ 「お役立ち情報」を伝えるツイート

❶「再現性」を感じさせるツイート

　「再現性」を感じさせるツイートは、見込み客や潜在顧客が「自分にもできるかも！」と思えるような投稿です。

　読者は当事者意識を持つとその情報に没入し、興味・関心が高まります。

　次のツイートは「Twitter広告は個人アカウントでも数千円で始められて、効果を期待できる」ことを伝えたものです。

「再現性」を感じさせるツイートの例

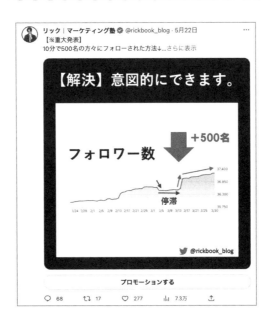

　再現性を感じさせるポイントは「数千円でできる」点です。ビジネス目的でX（Twitter）を活用しているユーザーには、この程度の費用なら自分でもできるかもと「自分ごと」として捉え、次のように感じてもらえたでしょう。

● **数千円のX（Twitter）広告で効果が期待できることを知ったユーザー心理**

- 私もTwitter広告を使えば、フォロワー数の停滞から抜け出せるかも
- 私もTwitter広告を使えば、アクセスを集められるかも

　このツイートでは「あなたも Twitter 広告を使えば、理想の未来を再現できる」ということを示唆したのです。これにより、筆者の持つ情報やサービスへの期待値が上がるので「次の情報も見たい！」と興味を持たせたり、場合によっては、直接の問い合わせにつながります（見込み客への昇華）。

　再現性を感じさせるためには、**読者との共通点を具体的な言葉で入れると当事者意識を持ってもらいやすくなりお勧め**です。

❷「権威性」を感じさせるツイート

　権威性を感じさせるツイートは、自身の実績や経験を伝えて、見込み客や潜在顧客に「この人すごそう！」と思ってもらうツイートことです。

　権威性には次のようなものが挙げられます。

● **権威性の例**

- ●職歴　●フォロワー数　●著書　●保有資格　　など

　第1章でも解説しましたが、権威性があると信用につながるため、商品購入の後押しになります。そのため、日頃からツイートで権威性を伝えて信用を獲得できれば、ローンチの際にスムーズに販売につなげられます。

権威性を感じさせるツイートの例

前ページのツイートは筆者の事例ですが、「Twitter 集客」に対する筆者の考え方を伝える際に、その信用度を高めるために実績やフォロワー数などを記載しました。単に「権威性」だけを伝えるのではなく、**発信内容の根拠として入れられると自然に読んでもらうことができます**。

権威性をうまく伝えられると、読者の「すごい！」という気持ちが高まるので注目（アクセス）を集められ、効果的に見込み客へリーチできます。

❸「社会的証明」を開示するツイート

「社会的証明」を開示するツイートでは、見込み客や潜在顧客へ「第三者の声」を届けます。

人は、利害関係のない第三者の言葉を信じやすい心理傾向があります。これを「ウィンザー効果」といいます。

当事者であるあなたの言葉で伝えるよりも「第三者の声」で伝えたほうが説得力が増します。

「ダイエットインストラクター」の場合なら、生徒の「before」「after」を開示する投稿がこれにあたります。第三者の結果なので、信用度は高く、その訴求力は強まります。

「Web 集客のコンサルタント」であれば、クライアントの集客効果を開示するのも良い方法です。

このように、第三者の結果や評価である社会的証明があれば、積極的にツイートをしていきましょう。

また、**第三者があなたやあなたの商品・サービスについて投稿した場合は、必ず引用リツイートやリツイートをしてください**。同様の効果を得ることができます。

❹「理想」を描かせるツイート

見込み客や潜在顧客に、あなたの商品やサービスを利用した後の「理想の未来」を見せるのが、「理想」を描かせるツイートです。

次のツイートは「働き方」について提言した筆者の事例です。これは以前、「マーケティングを稼業にしたい人」をターゲットにしていた際に、「自分もこういう働き方ができたらいいな」と感じさせるよう発信しました。

「理想」を描かせるツイートの例

　「こんな理想の暮らしを手に入れられるんだ」と思ってもらえれば、筆者のサービスへの興味が高まります。

　モノを販売している場合は、使用シーンをツイートするのがわかりやすいです。この商品を使えば「こんな素敵なシーンを手にできるんだ」と感じさせられれば、商品を欲しいという気持ちを高められるからです。

　「理想」を描かせるツイートは、**「理想の未来」をいかにイメージしてもらえるかがポイント**です。そのため画像や動画などのメディアで投稿すると訴求力が高まります。

❺「お役立ち情報」を伝えるツイート

　「お役立ち情報」を伝えるツイートは、見込み客や潜在顧客に「見逃したくない！」と感じさせることがポイントです。

ツイートで「見逃したくない！」を設計するポイントは第1章の1-8で詳しく解説しています。「見逃したくない！」と思わせることでフォローにつながり、最終的に商品・サービスのCVにも寄与するわけです。

具体的には、見込み客や潜在顧客にとって「有益となる情報」をツイートします。次のツイートは、現役マーケターが実践しているキーワード選定の方法について投稿した筆者の事例です。

「お役立ち情報」を伝えるツイートの例

読者に「私もやってみよう！」と感じてもらうことができ、たくさんのブックマークを獲得しました。「こういう情報なら次の発信も見たい」と思わせ、「見逃したくない！」を設計しています。

気をつけたいのが「情報起点」ではなく「ユーザー起点」で発信することです。第2章の2-4で解説しましたが、情報起点で発信しても読者はその良さに気づきません。ユーザー起点で発信することで、情報の有益性に気づいてもらえるのです。間違えないようにしましょう。

⚫ 見込み客に昇華させるためのツイート

教育ツイートは潜在顧客を見込み客に昇華させるために、問題や商品サービスに気づかせ、興味・関心を高めていくことが役割です。

これらをスムーズに行えるのがここで解説した内容なので、定期的に発信して見込み客を獲得しましょう。

9-3

ティーザーツイート

● 予告ツイートで期待感を高める

「**ティーザーツイート**」は簡単にいうと「予告ツイート」です。
「映画の予告」を思い出してみてください。

映画の予告の例

映画化決定のお知らせ
↓
キャストの公開
↓
主題歌の決定
↓
予告編の公開
↓
試写会を開催
↓
試写会の様子を配信

　一度にすべてを公開せず、情報を小出しにすることで、顧客の期待感を膨らませ、公開日までのワクワク感を演出しています。

これをツイートで行うのがティーザーツイートです。商品やサービスの
ローンチに向けて、見込み客の期待を高めるのです。
　次のツイートは、筆者がX（Twitter）集客を学ぶためのウェビナーを開
催した際のティーザーツイートです。

X（Twitter）集客を学ぶためのウェビナーの ティーザーツイート

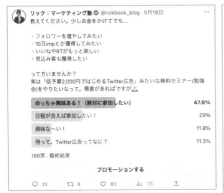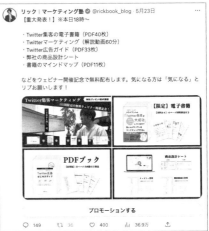

　1つ目（左）はアンケート形式のツイートを発信して読者を巻き込み、
期待感を高めました。
　次に、特典のビジュアルを公開して、ローンチに向けて「早く欲しい！」
「参加したい！」という気持ちを強めることを意識しました。
　このようにティーザーツイートは、**期待感を膨らませて「購買意欲」を
高めることが重要**です。人は焦らされるほど気になってしまうもので、ロ
ーンチの1ヶ月〜1週間前くらいから、少しずつ情報を公開していきましょ
う。

9-4

ローンチツイート

● 商品・サービスのリリースを伝える

　「**ローンチツイート**」は、商品・サービスのリリースを案内するツイートです。ツイートにオプトイン LP やセミナー LP、セールス LP の URL を添付し、見込み客から申し込みや購入を獲得することが目的です。

　ただし、特に検討期間が長い高額商品は、ツイートに直接「商品販売ページ（セールス LP）」を貼ることは推奨しません（詳細は第 7 章参照）。

　ローンチツイートは次のような要素で構成します。

● ローンチツイートの構成

❶ 趣旨
❷ 権威性や社会的証明
❸ インセンティブ
❹ CTA

ローンチツイートの例

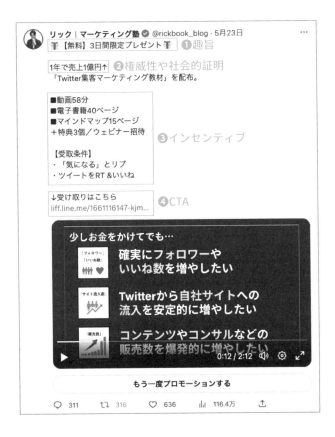

ローンチツイートの冒頭では「❶趣旨」を伝えます。「何を伝えるツイートなのか」を一番はじめに伝えることで、たくさんのツイートが流れているタイムラインで、読者の目に留まります。注目を集めるために絵文字を入れるのも効果的です。

次に「❷権威性や社会的証明」を明示します。見込み客や潜在顧客の信用は購入のフックになるからです。逆に言うと信用がなければ購入してもらえません。権威性や社会的証明で信用を獲得して行動（購入）を促します。

3つ目は「❸インセンティブ」を掲載します。インセンティブとは「動機付け」や「報酬」という意味です。ここでは、リードマグネットの受け取り方や商品の購入の仕方などの、購入（受け取り）のための条件を伝

えます。行動してもらいやすいように、シンプルな条件にするのが良いでしょう。

最後に「❹ CTA」を訴求して完成です。CTA を入れることで、見込み客や潜在顧客の行動を後押しします。

この型は企業でも用いられています。ローソンが新作スイーツのキャンペーンをリリースする際のツイートにも使われていました。

ローソンの新作スイーツリリースツイート

https://twitter.com/akiko_lawson/status/1676727662499311616?s=20

ローソンの場合、すでに顧客からの信頼は得られているため、「❷権威性や社会的証明」はなくても問題ありません。

「無料プレゼント」や「ウェビナーの開催」、「商品のリリース」、「新ブランドの立ち上げ」、「キャンペーンの開催」など、**さまざまなローンチに活用できるツイート**です。ローンチツイートの構成要素をしっかり覚えておいてください。

9-5

サステインツイート

● ローンチの勢いを継続させる

「**サステインツイート**」とはローンチの勢いを「継続（サステイン）」させるツイートのことを言います。

映画の公開後に、次のような訴求を見たことがあるでしょう。

- 総動員数1000万人突破！
- 初動興行収入21億円超え！
- 週間映画ランキング3週連続1位

公開後も追加情報を発信していくことで、見込み客の「見たい」気持ちを刺激して顧客を呼び込んでいます。

X（Twitter）プロダクトマーケティングでも同様に、発売後も継続して訴求を行い、見込み客の「買いたい」気持ちを高めます。それには、次のような情報を伝えるのが、非常に効果的です。

- 口コミやレビュー
- 申込数や販売数の推移
- 追加情報（追加のオファーなど）

ウェビナーのサステインツイートの例

　前節で例に挙げたウェビナーのローンチ後に投稿したサステインツイートでは「残席」を発信しました。どんどん埋まっていく残席数が「早く申し込まなきゃ！」「話題のウェビナーなんだ！」と見込み客の「参加したい」気持ちを高めています。

　サステインに該当する情報は、ツイートだけでなく「セールスLP」でも伝えるとCV率が高まるので実践してみてください。

　サステインツイートは、**購入を迷っている見込み客の「買いたい（申し込みたい）」気持ちを刺激できるかが鍵**です。購入の後押しになるようなプラスの情報を伝えていくようにしましょう。

◉ ツイートも改善が必須

　本章では売れるツイートの作り方について解説しました。潜在顧客を見込み客に昇華させて、商品を「購入したい」という気持ちを高めることが、売れるツイートの役割です。この成功率を高めていくには、ツイートも改善が必須です。分析と改善を繰り返しながら投稿してください。

チェックリスト

『 売れるツイート設計 』

①教育ツイート	チェック
ターゲットが「再現性」を感じる投稿をしているか？	☐
あなたの「権威性」を伝える投稿をしているか？	☐
あなたの「社会的証明」を伝える投稿をしているか？	☐
ターゲットが「理想」をイメージできる投稿をしているか？	☐
ターゲットが見逃したくない「お役立ち情報」を投稿しているか？	☐
②ティーザーツイート	チェック
ターゲットのローンチへの期待を高められるか？	☐
ターゲットを巻き込むティーザーは設計したか？	☐
ビジュアル（画像や動画）でローンチの期待を高める投稿は設計したか？	☐
③ローンチツイート	チェック
投稿は「趣旨／権威性／インセンティブ／CTA」の構成になっているか？	☐
サムネイル（アイキャッチ）や動画を添付したか？	☐
④サステインツイート	チェック
口コミやレビューを投稿したか？	☐
申込数や販売数の推移を伝えたか？	☐
追加情報は漏れなく伝えたか？	☐

第 **10** 章

X（Twitter）集客の
改善

ここまで、X（Twitter）集客を成功させるために、その設計方法
を解説してきました。しかし、その設計は仮定に基づいて行う
ため、必ずしも正解であるわけではありません。そのため、そ
の仮定が合っていたか、間違っていたならどのように改善すれ
ばうまくいくのかを考え、ブラッシュアップしていくことが必
要です。マーケティングは「成功確率」を高めることです。改善
を繰り返し、成功確率を高めていきましょう。

10-1

X（Twitter）集客の改善方法

◉ 分析と改善で正解に近づける

　ここまでメディアマーケティングとプロダクトマーケティングに分けて、X（Twitter）の設計方法を解説してきました。アカウント設計もツイート設計も、あなたのアカウントに最適化することが必要で、絶対的な正解はありません。

　しかし、正解はなくても、限りなく正解に近づける方法はあります。それが、「分析」と「改善」です。

　マーケティングは「成功確率」を高めることです。分析と改善を行ってこそ成功確率は高められます。

■ アナリティクスのデータが分析と改善の指標

　分析と改善を行ううえで指標となるのが「アナリティクス」のデータです。インプレッション数やプロフクリック数などの数値を元に分析を行い、改善活動に役立てます。データ（数値）分析を行うメリットは、次の3つです。

● データ（数値）分析を行うメリット

- 再現性が高く、X（Twitter）集客が向上する
- 効率的に集客できるようになる
- 環境の変化に対応できるようになる

フォロワーが低迷した際に、データ（数値）を見ずにプロフィール文を変更したりツイート内容を変えたり、いろいろとやったらフォロワー数が増えたとしましょう。

「改善できたから良い」と考えるかもしれませんが、このやり方ではどの改善効果が良かったのかがわからないので、再現が困難です。

「この方法を実行すれば、90% 以上の確率で改善が見込める」という再現性の高い方法を見つけることが成功確率を高めることです。だからこそ、データがその指標なってくれます。

また、アナリティクスのデータを順に追っていくと、ユーザーの行動が想像できるようになります。改善箇所が見えやすくなるのも、データ（数値）を扱うメリットです。

再現性の高いノウハウが蓄積できれば、新規プロモーションの際にも高確率で集客がうまくいき、効率的な運用が可能です。

X（Twitter）のアップデートなどで急にインプレッションが下がったといった環境の変化に対しても、培ったノウハウでボトルネックがわかるのですぐに対応できます。

◉ 再現性のあるポイントを解説

本章以降（第 10 章、第 11 章、第 12 章）では、X（Twitter）集客を成功に導くために「アカウント」「ツイート」「セールスファネル」の 3 つに分けて改善のポイントを解説します。

本書で解説する改善内容は、筆者と筆者のクライアントの経験に基づいて再現性が高かったものです。これ以外にも、あなたのジャンルやターゲットに合った改善ポイントが必ずあります。

改善の根幹にあるのは、序章から第 9 章まで解説してきた設計方法です。それとアナリティクスのデータを参考に、自身に合った改善方法を見つけることも必要です。

第10章　X（Twitter）集客の改善

10-2

集客できるアカウントの改善

◉ 集客できるアカウントへ

本章では「集客できるアカウント」へ育てるための改善ポイントを解説します。

集客できるアカウントとは、フォロワーや見込み客を獲得できるアカウントです。ここまで解説してきた通り、フォロワーや見込み客が獲得できていなかったら、X（Twitter）を通して商品・サービスを購入してもらうことができません。X（Twitter）集客を機能させるためにしっかりと改善を行っていきましょう。

アカウントの改善で必須のKPI（重要業績評価指標）は次の3つです。

● アカウント改善のKPI

❶ フォロー率
❷ フォロワー増加数
❸ プロフィールアクセス率

この数字の変化をチェックすることで、改善点を見つけていきます。

■ X（Twitter）アナリティクスの確認方法

アカウントのアナリティクスは、次の手順で確認してください。

Web ブラウザで X（Twitter）にアクセスして、プロフィールページの「もっと見る」をクリックします。

「Creator Studio」➡「アナリティクス」の順にクリックすると、アカウントのアナリティクスが表示されます。

10-3

「フォロー率」を改善する

◉ フォロー率を改善して効率的な運用を

　フォロー率の低い X（Twitter）アカウントでは、良い情報や良い商品・サービスを提供していてもリーチ数が高まらず、非効率な運用になります。
　フォロー率は次のように算出します。

● フォロー率の計算方法

$$\text{フォロー率（\%）} = \text{フォロワー増加数} \div \text{プロフィールアクセス数} \times 100$$

フォロワー増加数とプロフィールアクセス数

筆者のアカウントを例に解説します。

フォロワー増加数が 2,083 名、プロフィールアクセス数が 39,858 アクセスなので、次のように計算し、フォロー率は 5.22%とわかります。

● フォロー率の計算

フォロー率		フォロワー増加数		プロフィールアクセス数		
5.22%	=	2,083名	÷	39,858 アクセス	×	100

フォロー率は、1ヶ月程度のペースでチェックと改善を行います。改善の際に目安となるフォロワー数ごとのフォロー率の目標値は右表の通りです。

● フォロワー数別フォロー率の目標値

フォロワー数	フォロー率の目標値（目安）
～ 999名	3.0%以上
1,000名 ～ 4,999名	2.0%以上
5,000名 ～ 9,999名	1.5%以上
10,000名 ～	1.0%以上

なお、フォロー率はアカウントのジャンル（マーケットサイズ）に加え、トレンドや時期の影響で変動します。平均的な目標値として活用ください。

重要なのは「前月比」で改善できているかです。実施した改善に効果があるかを確認するため、自身の過去のデータと比べるようにします。

フォロー率が伸びていない場合は、「**プロフィール周辺**」を見直します。

プロフィール周辺の改善方法を2つ、ポイントを絞って解説します。

❶「プロフィール文」のチェック

フォロー率が低迷した場合に、最初に改善すべきは「プロフィール文」です。フォロワー獲得はメディアマーケティングの領域ですが、そこで重要なのは「人や情報」に興味を持たせることでした。そのためプロフィール文はとても重要な役割を果たします。

まずは、第3章「フォローされるアカウント設計」で解説した内容を満たしているかを見直してください。

それでもフォロー率が改善しない場合は、「伝え方」を工夫します。

例えば「AI 情報」に関する発信をするアカウントの場合、プロフィール

文の冒頭に次の Ａ Ｂ どちらを入れた方がフォロー率が高くなるでしょうか。

> Ａ：仕事に役立つAI活用術　　Ｂ：最新の "仕事で使える" AI活用術

　答えは Ｂ です。伝えたいことは同じですが、冒頭の「最新の〜」が差の
つくポイントです。AI 情報に興味があるユーザーは最新情報を「見逃した
くない！」と潜在的に感じ、フォローされやすくなります。

　これは筆者や筆者のクライアントでも検証を行っており、再現性の高い
内容です。

　ここで伝えたいことは「最新の〜」と修正することではありません。**そ
の本質は、どうしたらユーザーに「見逃したくない！」と感じさせ、フォ
ローされるのかを検討することです**。いろいろなパターンで検証しましょ
う。

　その際、短期間では効果検証が難しいです。バズツイートでたまたまフ
ォローが増えたという可能性もあります。そのため、1 ヶ月程度は同じプ
ロフィール文で検証することをお勧めします。

❷「自身のタイムライン」のチェック

　プロフィールにアクセスしたユーザーの多くがタイムラインも閲覧しま
す。「どんなツイートを発信している人なのか？」を確認してフォローする
かを判断するためです。それなのに、タイムラインが「RT した他人のツイ
ート」や「訴求力の低いプライベートの投稿」で埋まっていたら、せっか
くプロフィールにアクセスしてくれたユーザーを逃してしまいます。

　そのため、**タイムラインの最上段から 3 ツイートは、自身の訴求につな
がるツイートを置く**ようにします。

　その方法は、自己 RT で調整します。自己 RT するツイートは、過去 1 週
間に投稿したツイートから選ぶことをお勧めします。X（Twitter）の特徴
は「速報性」だからです。古いツイートを自己 RT するのは適しません。

　せっかくプロフィールに訪れてくれたユーザーを取り逃がさないように、
自身の発信している内容がわかる、なるべく新しいツイートで訴求します。

10-4

「フォロワー増加数」を改善する

● フォロー増加数は毎月100名を目安に

　フォロー率の確認とあわせて、「フォロワーの増加数」もチェックします。なぜなら、フォロー率が高くても実際にはフォロワーがほとんど増加していないケースがあるからです。

　例えば、フォロー率が5%だったとします。高水準なので一見すると改善の必要はなさそうです。

　しかし、詳しく見ていくと、次のような状態だったことがわかりました。

フォロー率		フォロワー増加数		プロフィールアクセス数		
5%	=	10名	÷	200アクセス	×	100

　これはフォロー率が高いのではなく、「プロフィールアクセス数（分母）」が小さいために、フォロー率が高く見えているだけです。実際には10名しかフォロワーは増えていませんので、決して多くはありません。

　フォロー率だけ見ていては一向にフォロワーは増えないので、「フォロワー増加数」もチェックする必要があります。

　フォロワー増加数の目標値は、「毎月＋100名」を最低目標値として設定することをお勧めします。ただし、フォロー率の場合と同じで、ジャンル（マーケットサイズ）や、現在のフォロワー数によっても変動するので、あくまで目安として考えてください。

　フォロワー増加数が「毎月 ＋ 100名」を達成していない場合は、シンプ

ルに「インプレッション数」が少ないケースが多いです。インプレッション数を獲得できていないということは、ユーザーにリーチできていないということです。そのため、プロフィールへのアクセスも必然的に少なくなります。

改善ポイントは「ツイート数」「リプライ数」「ツイートの時間帯／自身の活動時間」の3つをチェックすることです。

❶「ツイート数」をチェック

インプレッションを獲得するには、ある程度の数のツイートを投稿することが必要です。

筆者が推奨するツイート数は、**1日に1～3ツイート**です。特に、フォロワー数が少ないうちはインプレッションが上がりにくいので、1日3ツイートを目標に投稿できると良いでしょう。

あわせて、ツイートの内容が第4章で解説した「拡散＆フォローされるツイート」の内容に沿っているかも確認してください。拡散＆フォローされやすいツイートにはいくつかの「型」がありますので、まずはそれに沿って作成することで、インプレッションの獲得を狙います。

もちろん、すべての「型」があなたのジャンルや発信内容に適するとは限らないので、「分析」と「改善」を繰り返してアカウントに合うツイートの内容を見つけていきます。

❷「リプライ数」をチェック

インプレッションは「リプライ」でも獲得できます。あなたが送ったリプライを誰かが見れば、それがインプレッション数に加算されるということです。

リプライを送ることで、そのユーザーとの関係スコアを高めることも可能です。加えて、相手からリプライが返ってきたら、さらにインプレッションを獲得できますので、リプライも積極的に行うようにします。

ポイントは「誰にリプライをするか」です。結論としては、次のいずれかにあてはまるアカウントが効果的と言えます。

● 効果的なリプライ相手

- あなたの潜在顧客を抱えていそうなインフルエンサー
- あなたの見込み客を抱えていそうなインフルエンサー

　上記のインフルエンサーからエンゲージメントが返ってくると、あなたのツイートがインフルエンサーをフォローしているユーザーにも表示されるからです。

　つまり、**あなたをフォローしてくれそうなユーザーにツイートが表示されるわけですから、フォロー数も増加する可能性が高くなります。**

　なお、タイムラインにツイートが載る仕組みは第1章の1-3で詳しく解説しています。そちらを参照してください。

　改善がうまくいかない場合は、ツイート数に加えてリプライ数も増やすことで、インプレッションを高め、フォロワー獲得を狙います。

❸「ツイートの時間帯／自身の活動時間」をチェック

　潜在顧客の活動時間帯に合わせて、ツイートを発信できているかをチェックします。ツイートは初動のエンゲージメント数やインプレッション数が、その後のインプレッション数に影響するからです。

　できるだけ潜在顧客がX（Twitter）を見ている時間帯を狙って投稿することで、インプレッションの獲得を狙います。X（Twitter）アルゴリズムでも、**ツイートのスコアは6時間ごとに50%ずつ減少**していきます。時間が経つにつれタイムラインに載りにくくなるので最初が肝心です。

　潜在顧客の活動時間に合わせるもっとも簡単な方法は、**同ジャンルのインフルエンサーと投稿時間を合わせる**ことです。多くのユーザーがインフルエンサーの投稿をチェックしているので、インフルエンサーの投稿に合わせてX（Twitter）を見ている場合が多いからです。

　細かく分析したい場合は、有料ツールの「fedica」を利用すると、「ツイートをするのに最適な時間帯」を確認することができます。

第10章
X（Twitter）集客の改善

✿fedica
https://fedica.com/

10-5

「プロフィールアクセス率」を
改善する

◉ 読者がどれだけプロフィールにアクセスしたか

　フォローされるには「プロフィール」へのアクセスが必須のため、プロフィールアクセス率を改善することはフォロワー獲得に影響します。

　プロフィールアクセス率は、次の計算で算出します。

● プロフィールアクセス率の計算方法

$$\text{プロフィールアクセス率（\%）} = \text{プロフィールアクセス数} \div \text{インプレッション数} \times 100$$

プロフィールアクセス数とインプレッション数

筆者の例では、プロフィールアクセス数が 39,858 アクセス、インプレッション数が 6,296,159 なので、プロフィールアクセス率は 0.63%になります。

● プロフィールアクセス率の計算

プロフィールアクセス率		プロフィールアクセス数		インプレッション数		
0.63%	＝	39,858アクセス	÷	6,296,159	×	100

プロフィールアクセス率も、1 ヶ月程度のペースでチェックと改善を行います。改善の際に目安となる、フォロワー数ごとのプロフィールアクセス率の目標値は次の通りです。

● フォロワー数別プロフィールアクセス率の目標値

フォロワー数	プロフィールアクセス率の 目標値（目安）
〜　999名	3.0%以上
1,000名 〜 4,999名	2.0%以上
5,000名 〜 9,999名	1.5%以上
10,000名 〜	1.0%以上

プロフィールアクセス率もアカウントのジャンル（マーケットサイズ）に加え、トレンドや時期の影響を受けて変動するため、平均的な目標値として捉えてください。

重要なのは「前月比」で改善ができているかを確認することです。

プロフィールアクセス率が低い場合の改善は「ツイート内容」「アカウント名（肩書き）」「外部リンクなど」をチェックして行います。

❶「ツイート内容」をチェック

プロフィールアクセス率が伸びていない最大の要因は、ツイートからプロフィールへ誘導ができていないことです。そのため、まず「ツイート内容」をチェックします。

第10章

X（Twitter）集客の改善

チェックポイントは「この人の発信は見逃せない！」「今日はどんなツイートをしているかな？」とユーザーが感じる内容になっているかです。有益な情報を発信できていれば、ツイートから直接プロフィールにアクセスして（プロフィールクリック）、フォローしてもらえることが期待できます。

また、すぐフォローしてもらえなくても、「見逃したくない！」という感情を作ることができていれば、X（Twitter）検索欄であなたを指名検索して、プロフィールへアクセスしてもらえる可能性が高まります。

第4章と第9章で解説したツイート作りのポイントを参考にして、「見逃したくない！」と思ってもらえるツイートになるよう改善を繰り返し行ってください。プロフィールアクセス率が高くなる、あなたの「型」が見つけられると良いでしょう。

❷「アカウント名（肩書き）」をチェック

アカウント名を工夫して興味を持たせられると、プロフィールにアクセスしてもらいやすくなります。

筆者はX（Twitter）アカウントを「リック｜マーケティング塾」にしていますが「どんなマーケティングの話を投稿しているのだろう？」と他の投稿を気になってもらえるように設計しました。

プロフィールをクリックしてもらいやすい「アカウント名（肩書き）」のポイントは、**いかにあなた自身や他の投稿に興味を持たせられるか**です。それには、「『トレンド』に合わせた肩書きにする」「『権威性』を肩書きに入れる」「『ローンチ』や『キャンペーン』に合わせた肩書きにする」の3つが有効です。

● **「トレンド」に合わせた肩書きにする例**

> ○○○｜最新AI情報
> ○○○｜知っておきたい転職情報

● **「権威性」を肩書きに入れる例**

> ○○○｜美容院15店経営オーナー
> ○○○｜登録者30万人の税理士ch

●「ローンチ」や「キャンペーン」に合わせた肩書きにする例

○○○｜プレゼント企画中
○○○｜固定ツイに最新note

　「肩書き」の改善は必須ではありませんが、プロフィールアクセス率に関する他の改善でうまくいかない場合は検討してみましょう。

❸「外部リンクなど」をチェック

　「プロフィールアクセス」は、ツイートから直接プロフィールにアクセスする「プロフィールクリック」とは異なり、自身のツイート以外からのアクセスを含みます。

　例えば、ブログなどのWebサイトを運営していて、X（Twitter）アカウント（URL）をサイトに掲載している場合は、そこからのアクセスも「プロフィールアクセス数」にカウントされます。

　また、あなたの「アカウントのメンション」をつけて、第三者がツイートを投稿した場合、そのメンションからプロフィールにアクセスされたら、それも「プロフィールアクセス」です。

　このように「プロフィールアクセス」は、自分のツイート以外からのアクセスが含まれるので、それらを踏まえて改善を行う必要があります。

　外部リンクをどう有効に活用するか、いかに自身のアカウントを紹介してもらえるかがポイントです。あなたの環境に合わせて、プロフィールアクセスを獲得できる施策がないかを考えてみてください。

◉ 他も改善して効果を高める

　まずは「集客できるアカウント」の改善方法について、解説しました。X（Twitter）集客を機能させるには「アカウント」を改善するだけでは足りません。X（Twitter）集客に関わる「ツイート」や「セールスファネル」の改善もあわせて行っていくことで、効果が大きく上がります。

第10章

X（Twitter）集客の改善

295

『集客できるアカウント』

①フォロー率の改善	チェック
フォロワー数別のフォロー率の目標値はクリアしているか？	☐
プロフィール文のMACテンプレはターゲットに伝わっているか？	☐
ターゲットが「見逃したくない」と感じる表現が、 プロフィール文に入っているか？	☐
タイムラインの最上部3つは、 自身の訴求性の強い投稿になっているか？	☐

②フォロワー増加数の改善	チェック
月間フォロワー増加数が最低でも100名以上か？	☐
ツイート数は十分に足りているか？（1日1〜3投稿）	☐
潜在顧客または見込み客を抱えるインフルエンサーに、 リプライをしているか？	☐
ツイートの時間帯とあなたの活動時間は、 ターゲットの活動時間と一致しているか？	☐

③プロフィールアクセス率の改善	チェック
フォロワー数別のプロフィールアクセス率の目標値は クリアしているか？	☐
ツイートは、発信者のプロフィールやタイムラインが 気になる内容になっているか？	☐
アカウント名（肩書き）はターゲットの興味を引けているか？	☐
X（Twitter）以外の外部リンクから、 プロフィールアクセスを獲得しているか？	☐

第 11 章

集客できる
ツイートの改善

フォロワーや見込み客の獲得の入り口となるツイートは改善が
欠かせません。どのようなツイートが成果につながっているの
かをアナリティクスから判断して、あなたにとって再現性の高
いツイートの型を見つけましょう。そうすることで、効率的な
運用を行うことができます。

11-1

ツイートを改善して
集客力を高める

◉ ツイートは見込み客の入り口

　「集客できるアカウント」が整ったら、同様にツイートの改善も行っていきます。

　タイムラインに表示されるツイートは見込み客の獲得の入り口です。そのため、ツイート改善はX（Twitter）集客においては欠かせません。

　どのようなツイートが成果につながっているのかをデータから判断することで、再現性の高いツイートの型を見つけ、効率的な運用を目指しましょう。

　集客できるツイートの改善で必須のKPIは次の2つです。

● ツイート改善のKPI

❶ インプレッション数
❷ プロフィールクリック率（数）

　この数字をツイートごとにチェックして、改善に役立てます。それぞれ詳しく解説していきます。

11-2

「インプレッション数」を改善する

◉ インプレションが多かったツイートを分析

　まず、ツイートごとの「インプレッション数」を確認して、インプレッション数の高かったツイートの共通点を分析します。

　例えば、次のような項目に共通点がないかをチェックしてください。

● インプレッション数の高いツイートで注目する項目

- 投稿時間
- ツイートの型
- ツイートの内容

　共通点を見つけたら、新規ツイートに反映し「再現性があるかどうか」を確認します。これを繰り返し、集客できるツイートへと成長させます。

　同様の作業を「エンゲージメント」の高いツイートでも行ってください。チェックするエンゲージメントの項目は、次の5つです。

● エンゲージメントでチェックする項目

- いいね数
- リプライ数
- リツイート数
- 詳細クリック数
- プロフィールクリック数

エンゲージメントはインプレッションと相関関係にあるので、エンゲージメントの観点からも共通点を見つけられると再現性が高くなります。

■ 競合と比べるのではなく、前回比でチェックする

インプレッションの改善で大切なのは、「前回比」で改善できているかをチェックすることです。記事執筆時点（2023 年 8 月時点）の X（Twitter）の仕様では、自分以外のアカウントのインプレッション数を閲覧することができるので、つい、競合と比べたくなってしまう人がいます。

目標設定をする際に参考にする程度なら良いですが、改善の観点から見たら他人のアカウントと比べても仕方がありません。**自分の「改善前」と「改善後」のデータでレビューすることが正しい改善方法**です。

「前回比」でツイートインプレッションが上昇傾向にあるかを、チェックしていきます。

インプレッション数を改善する方法を、筆者の事例で 3 つ紹介します。

❶メディア投稿にしてみる

テキストだけの投稿からメディア付きの投稿へ変えたことで、インプレッションが改善された事例です。

テキストだけのツイート

「缶ビールの売り方」について発信したツイートです。テキストだけで発信したときのインプレッション数は 13 万インプレッションでした。

同じ内容をメディア付きのツイートに改善して再投稿したのが、次のツイートです。

メディア付きツイート

インプレッション数は 3 倍近い 35 万インプレッションになりました。

メディアを添付することで、読者の目を引くことに成功したためと分析しています。

メディア付きツイートは読者の目が留まりやすくなる上、アルゴリズムの加点対象でもあるので、あなたの発信内容と相性が良い場合は、一度試してみてください（最新 X アルゴリズム表を巻末に掲載）。

❷スレッド投稿をしてみる

スレッド投稿はインプレッションを獲得しやすいのが特徴です。なぜなら、**元のツイートが拡散されると、それに比例してスレッドのインプレッションも加算される**からです。

スレッド投稿の例

● 元のツイート

● スレッド

　この事例は「ヒット商品」のま
とめツイートですが、140文字以
内に書ききれなかった部分を3つ
のスレッドにして投稿をしました。
結果は、元のツイート単体では13
万インプレッションでしたが、3つ
のスレッドのインプレッションを
加算すると合計で16万インプレッ
ションとなりました。

　スレッドを上手に使うことで、インプレッションを獲得できます。元の
ツイートが拡散されることが期待できる場合は、スレッドを活用してみる
のも1つの手法です。

❸ トレンドワードで投稿してみる

　うまく「トレンドワード」を活用することで、インプレッション獲得を
狙えます。

　次ページの事例は「X（Twitter）の現状」について筆者の意見を伝えた
ツイートです。そのときX（Twitter）上でトレンドになっていたワードを
あえて11個記載して並べて、ツイートを構成しました。

　その結果68.2万インプレッションを獲得しました。

トレンドワード活用例1

　次の事例は、当時話題となっていた Threads（Facebook が提供する X に似た SNS）について発信したものです。トレンドに読者が反応してくれ、31.3 万インプレッションという結果となりました。ちなみに、Threads の綴りが誤っているのも仕掛けの1つです。

トレンドワード活用例2

　話題性のある内容やトレンドワードは、インプレッション獲得に寄与します。あなたの発信ジャンルと親和性のあるトレンドは、積極的に取り入れるようにしましょう。

11-3

「プロフィールクリック率（数）」を改善する

◉ ツイートからプロフィールに呼び込む

　フォロワー獲得にはツイートからプロフィールに呼び込むことが重要です。ツイートごとに「プロフィールクリック率」を確認して、改善に役立てます。

　第10章で解説した「プロフィールアクセス率」は、アカウント全体のプロフィールへのアクセス率です。「ツイートからのアクセス」「第三者のメンションからのアクセス」「外部サイトからのアクセス」など、すべてのプロフィールへのアクセスを合算した数値です。

　それとは異なり「プロフィールクリック率」はツイート1つ1つで、プロフィールへのアクセス率を見るものです。混同しないように注意しましょう。

　プロフィールクリック率は、次の計算で算出します。この「インプレッション数」はツイートごとのインプレッション数です。

● プロフィールクリック率の計算方法

$$\text{プロフィールクリック率（\%）} = \text{プロフィールクリック数} \div \text{インプレッション数} \times 100$$

　改善の際に目安となる、フォロワー数別のプロフィールクリック率の目標値は次ページの表の通りです。

● フォロワー数ごとのプロフィールクリック率の目標値

フォロワー数	プロフィールクリック率の目標値（目安）
～　999名	3.0％以上
1,000名 ～ 4,999名	2.0％以上
5,000名 ～ 9,999名	1.5％以上
10,000名 ～	1.0％以上

　11-2 のインプレッション数と同様に、まずは、ツイートごとに数値をチェックして、プロフィールクリック率の高いツイートの共通点を見つけます。そしてその共通点を新規ツイートに活かす、という「分析」と「改善」を繰り返し行い、再現性の高いツイートへと成長させます。

　プロフィールクリック率を改善しやすいポイントは「文末に訴求を入れる」「自己開示をする」の 2 つです。

❶文末に訴求を入れる

　ツイートの文末に「訴求」が入っていると、プロフィールクリックが得られやすくなります。

ツイートの文末に「訴求」が入っている例1

> リック｜マーケティング塾 ✅ @rickbook_blog・2022年10月23日　⋯
> 実は、ここ1ヶ月で「万バズ」を3回ほどしまして、ありがたいことにフォロワーさんも増えてます。本当にありがとうございます。私はただのマーケティング好きですが「大人が学べる」ビジネスネタを発信中です。なのでぜひ2～3個ツイート見てくれたら嬉しいです。では、今日も素敵な1日を！
>
> 💬 63　　🔁 26　　♡ 333　　📊　　⬆

　文末に「ぜひ 2 ～ 3 個ツイート見てくれたら嬉しいです」と入れ、前半の内容とあわせて、タイムラインへのアクセスを促しました。

　結果は、プロフィールクリック率が 2.65％となり、目標の 1％をクリアしています。

ツイートの文末に「訴求」が入っている例2

リック | マーケティング塾 ✓ @rickbook_blog · 2022年10月3日 ···
やっぱマーケティングってヤバいです。昨日も100名の方にフォローいただ
きました。本当にありがとうございます。基本的なバズる発信の作り方は2
ポイントで「❶検索ワード3つ以上」「❷賛否両論の設計」です。まずはセ
オリーに忠実になることですね。明日以降もマーケ知識をガンガン発信して
いきます。

💬 82　　🔁 31　　　♡ 406　　　📊　　　📤

「明日以降もマーケ知識をガンガン発信していきます」の部分が訴求にあたります。「普段はどんなマーケ知識の投稿をしているんだろう？」と気になった読者が多かったため、プロフィールクリック率は2.32％となりました。

文末にタイムラインに興味を持ってもらえるような訴求文を入れるだけで、ダイレクトに結果に表れます。

ポイントは、**嫌味なく自然に伝えること**です。前半の文章とうまく関連づけて訴求できると良いでしょう。簡単な方法ですので、あなたも試してみてください。

❷自己開示をする

ツイートで「この人、どんな人だろう？」と思ってもらえれば、プロフィールへのアクセスを期待できます。その方法の1つが「自己開示」をすることです。

自己開示の例1

リック | マーケティング塾 ✓ @rickbook_blog · 2022年11月16日 ···
もうすぐ30代になるのに、1日中ずっと部屋から出ない生活をしてる。部屋
にはMacBookとiPad mini。机にはディスプレイが2台。あとは参考書が100
冊ほど入った本棚と、観葉植物が2鉢あるだけ。薄暗い部屋でキャンドルに
火をつけ、画面のアナリティクスと睨めっこ。在宅マーケターの日常はこん
な感じです。

💬 88　　🔁 25　　　♡ 436　　　📊　　　📤

筆者がどのような人物で、どのようなことをしているかをシンプルに開示した例です。「こんな風に仕事をしている人はどんな人なんだろう」と興味を引くことができ、プロフィールクリック率は 1.6％になりました。

自己開示の例2

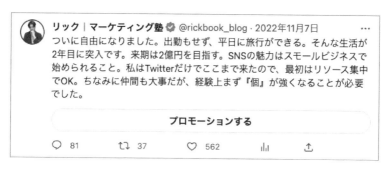

リック｜マーケティング塾 ✔ @rickbook_blog · 2022年11月7日 · · ·
ついに自由になりました。出勤もせず、平日に旅行ができる。そんな生活が2年目に突入です。来期は2億円を目指す。SNSの魅力はスモールビジネスで始められること。私はTwitterだけでここまで来たので、最初はリソース集中でOK。ちなみに仲間も大事だが、経験上まず『個』が強くなることが必要でした。

プロモーションする

○ 81　　⊥ℓ 37　　♡ 562　　　　

このツイートでは、ビジネスマンとしての実績と現状を開示しました。それによって筆者に対する興味を持たせられ、プロフィールクリック率は2.59％となりました。

「自己開示」することは、あなたに興味を持たせるために有効です。どのように伝えればプロフィールをクリックしたくなるのかを考えながら、構成してみてください。**職歴や保有資格などの権威性を組み合わせられると、さらに効果的**です。

● まずはやってみることが大事

本章では「集客できるツイート」の改善方法を解説しました。紹介した方法は数字に現れやすい内容ですので、まずは試すことをお勧めします。

ただし、ツイートの内容はジャンルやターゲット、発信内容との相性に左右されやすい部分なので、他の方法もいろいろ試して「集客できるツイート」を見つけるようにしてください。

『 集客できるツイート 』

①インプレッション数の改善	チェック
ツイートの投稿時間は ターゲットの活動時間に合わせているか？	☐
インプレッションの伸びたツイートの内容や型に 共通点はないか？	☐
メディア（画像や動画）を活用しているか？	☐
スレッド投稿を使用しているか？	☐
トレンドワードを含む投稿を作成したか？	☐

②プロフィールクリック率の改善	チェック
フォロワー数別のプロフィールクリック率の目標値は クリアしているか？	☐
ツイートの文末に「訴求」は入れているか？	☐
「自己開示」を含む投稿を定期的にしているか？	☐

第**12**章

売れるセールスファネルの改善

X（Twitter）集客を機能させるためには、そのゴールである「購入」や「申し込み」につなぐ必要があります。そのため、「セールスファネル」の改善も欠かせません。

本章では「セールスファネル」の中でも集客に大きく影響する部分に絞って、その改善方法を解説していきます。

12-1

セールスファネル
改善のKPI

● ゴールにつながっていなければ集客の意味がない

　X（Twitter）集客とは、X（Twitter）を販売導線の入り口として機能させることでした。ゴールである「購入」や「申し込み」につながっていなければ、X（Twitter）集客が成功しているとは言えませんよね。

　そのため、集客ツイートから売上につながる「セールスファネル」を改善していくことも欠かしてはいけません。

　売れるセールスファネルの改善では、集客部分に大きく影響する次の2つのKPIについて解説します。

● セールスファネル改善のKPI

❶ リンククリック率
❷ リストの登録率（オプトイン率）

　これらの数値が低いままでX（Twitter）集客を続けても、非効率で費用対効果が合いません。改善を重ねて、購入や売上につながるセールスファネルの入り口を構築しましょう。

　2つのKPIについて、改善方法を順に解説します。

12-2

ツイートの「リンククリック率」を改善する

◉ 興味・関心を高められているか

セールスファネルの入り口としてX（Twitter）を利用した場合に、ツイートに添付したリンクのクリック率が高いということは、見込み客の興味・関心を得られているということです。

逆に、リンククリック率が低ければ、興味・関心を高められていないということなので、改善が必要です。

ツイートのリンククリック率は、次の計算で算出します。この「インプレッション数」はツイートごとのインプレッション数です。

● ツイートのリンククリック率の計算

$$
\text{リンククリック率（％）} = \text{リンククリック数} \div \text{インプレッション数} \times 100
$$

改善の際に目安となる、リンククリック率の目標値は右の表の通りです。これは、広告を含まないオーガニックの場合の値です。

● リンククリック率の目標値

目指す水準	リンククリック率の目標値（目安）
高水準ライン	2.0%以上
合格ライン	1.5%以上
目標ライン	1.0%以上

リンククリック率は、日頃からあなたの投稿に興味を示すフォロワーやあなたの商品・サービスに興味のある見込み客を獲得できているほど、高くなる傾向にあります。

　そのため「集客できるツイート」になっていることが大前提です。この点については第 11 章で改善方法を解説しています。

　リンククリック率に影響を与える主な要素が次の 2 点です。

● **リンククリック率を決める2要素**

- ツイートの文章
- サムネイル画像（アイキャッチ画像）

　タイムライン上で目が留まるサムネイル画像があり、「その続き（リンクの中身）を知りたい！」と思えるようなツイート文章があると、リンクをクリックしてくれる可能性が高まります。

　リンククリック率が低い場合は、この 2 点を中心に改善していく必要があります。

　次ページのツイートは、個人アカウント向けに Twitter 広告のノウハウを伝えた記事へ誘導したものです。このセールスファネルのゴールは、筆者が運営するマーケティング情報共有コミュニティの 1 ヶ月無料体験でした。

　ツイート本文の「無料記事」やサムネイル画像の「最新」というワードで、見込み客の興味を引き、「記事を読みたい！」と思ってもらうことができたとレビューしています。リンククリック率は 1.98％でした。

リンククリック率を高めるツイートの例1

次のツイートでは、ライティングに関する記事へ誘導しました。

リンククリック率を高めるツイートの例2

このセールスファネルのゴールも、筆者が運営するマーケティング情報共有コミュニティの1ヶ月無料体験です。

サムネイル画像を赤色にすることで目を引き、「煽り」という言葉がフックとなって見込み客の興味を高めることができたと思います。その結果、1.52%のリンククリック率を獲得できました。

リンククリック率改善では、**いかに「リンクの先を知りたい」と思ってもらえるかが重要**です。それを達成できる要素を、ツイートの文章やサムネイル画像に盛り込むことで、リンククリック率を改善していきましょう。

■ インプレッション数が少ないケースも注意

なお、リンククリック率が高水準ラインの 2.0%を容易にクリアできている場合は、単にインプレッション数が少ないということも考えられます。例えば次のようなケースです。

> **リンククリック率** **リンククリック数** **インプレッション数**
> 2.5% ＝ 5クリック ÷ 200インプレッション × 100

これは決して良い結果ではありません。「リンククリック率」とあわせて「リンククリック数」や「インプレッション数」も確認して、どこを改善すべきかを判断してください。

12-3

リストの「登録率」を改善する

● どのくらいリストを獲得できたか

X（Twitter）は「商品を販売する場所」ではなく、「集客する場所」です。そのため、多くの場合リンク先には「オプトインLP」のような、リストを獲得できるページを設定します。オプトインLPでなくても、ツイートでしっかり訴求している場合は、メルマガの登録ページや公式LINEの登録URLを直接設定しても問題はありません。

リストを獲得するためにツイートを活用した場合、結果的にどのくらいのリストが獲得できたかを確認することが必須です。オプトイン率（オプトインLPでリストに登録した数の割合）は、市場（マーケットサイズ）や読者の状況によって、大きくバラツキが出る傾向にあります。

右の表は、一般的なWebページでのリスト登録率の平均値です。「リストの登録数÷ページ閲覧数×100」で算出しています。

ページを閲覧した人によって大きく登録率が変わるため、X（Twitter）のように不特定多数にリーチする媒体は目標値の設定がしにくく、「X（Twitter）からのリスト登録率」の平均値は提言されていないのが実情です。

● 一般的なWebページでのリスト登録率の平均値

ユーザーの状況	リスト登録率（平均）
はじめての顧客（一見さん）	0.1〜3.0%
既存顧客	20〜40%
既存顧客からの紹介客	10〜30%
全体的な平均	5〜15%

しかし、SNSはユーザーとのコミュニケーションが設計されている媒体

なので、一般的な Web ページでのリスト登録率に比べて少し高くなる傾向があります。また、X（Twitter）集客の場合、普段の投稿で見込み客を獲得できているはずなので、高水準でオプトイン率が安定するはずです。

　これらを踏まえ、筆者や筆者のクライアントの実績を鑑みながら、次の通り、リスト登録率の目標値を設定しました。

● Twitter集客における、リスト登録率の目標値

ケース	算出方法			目指す水準	リスト登録率（目安）
ツイートに、オプトインLPを設定して、LPで登録する場合	リストの登録数	÷ オプトインLPのページ閲覧数	× 100	合格ライン	40%以上
				目標ライン	30〜40%
ツイートに、公式LINEなどの登録URLを直接設定した場合	リストの登録数	÷ リンククリック数	× 100	合格ライン	60%以上
				目標ライン	50〜60%

　なお、この数値はあくまで目安です。他のデータと同様に、改善の際に重要なのは過去のデータと比較することなので、必ず「前回比」で改善ができているかを確認するようにしましょう。

　改善のポイントはいかに「登録したいと思えるツイート内容になっているか」です。オプトイン LP をツイートに設定する場合は、リードマグネット（無料プレゼントなど）を受け渡す場合が多いはずです。リードマグネットの内容が見込み客の求めているものか、リードマグネットが必要だと思わせる訴求文が書けているか、などを確認して改善してください。

◉ セールスファネル全体で改善を考える

　第 12 章では「集客」にポイントを絞って「売れるセールスファネル」の改善方法を解説しました。「売上」の改善を考えるなら、「セールス LP」などのセールスファネルの他のステップでも、もちろん改善が必要です。アナリティクスデータをチェックしながら、集客部分に加えてセールスファネル全体の改善も繰り返し行うようにしましょう。

『セールスファネル』

①ツイートのリンククリック率の改善	チェック
リンククリックの目標値を満たしているか？	☐
ツイートは「リンクをクリックするとどうなるか」を 伝えているか？	☐
ツイートの文末にCTAを入れているか？	☐
読者の目を引くサムネイル（アイキャッチ）を 使用しているか？	☐
サムネイル（アイキャッチ）には、 ヘッドラインとキービジュアルが入っているか？	☐
②リストの「登録率」の改善	**チェック**
X（Twitter）集客におけるリスト登録率は 目標値を満たしているか？	☐
リードマグネットはターゲットにとって 受け取るメリットがあるか？	☐
オプトインLPはCTAまで見られているか？	☐
普段のツイートで顧客教育はできているか？	☐

●アカウントに対する評価

アクション	加算評価（スコア）
いいねされる	+0.5
RTされる	+1
ツイートがクリックされリプライorいいねされる	+11
ツイートがクリックされ2分滞在される	+11
プロフィールクリックされた後にエンゲージメントされる	+12
ツイートにリプライされる	+27
リプライにリプライを返す	+75
半分以上動画を観られる	+0.005
X Premium（Twitter Blue）認証済み@フォロワーへの影響	×4
X Premium（Twitter Blue）@フォロワー外への影響	×2
ブロックやミュートされる	-74
ツイートに興味がないを選択される	-74
ツイートをスパム報告される	-369
アカウントをスパム報告される	いいねの-738倍
FF比率（フォロー数／フォロワー数）0.6未満orフォロー数2,500未満	ペナルティなし
更新がなくて非アクティブ	ペナルティ
スパムアカウントと交流している	ペナルティ
フォローを自分から外す	ペナルティ（小）

●ツイートに対する評価

アクション	加算評価（スコア）
リプライ数	×1
RT数	×20
いいね数	×30
トレンドに関する投稿	×1.1
外部ツールではなく、X（Twitter）を使った自身の投稿	×2
動画・画像付きの投稿	×2
評価の高いユーザーと関わっている	×3
ツイートから直接フォローされる	×4
ツイートの品質や関連性	+0.18
投稿主の評判	+0.2
リプライが1つ以上	+1
URLを含む	+2
アカウントとキーワードの関連性が高い	+2
攻撃的なツイート	×0.2
複数のハッシュタグ	×0.6
未知の言語	×0.05
関連性スコア（時間が経つにつれスコアが減少）	6時間毎に50%減

おわりに

　本書では X（Twitter）集客について、その基本の考え方から、設計方法、改善方法まで、網羅的に解説してきました。

　そのため、この内容に沿って設計を行い、実行して、改善を繰り返していけば、X（Twitter）集客の成功確率は確実に高まります。

X（Twitter）集客の全体像

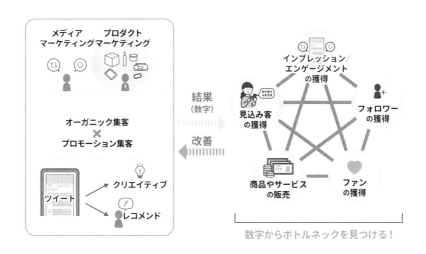

　念を押すようですが、本書を読んだだけでは「確率」は高まりません。俗に言う「成功者」たちは首を揃えて「行動しよう！」と私たちに散々伝えてきたはずです。

　だから筆者はマーケターとしてこれからも行動し続けます。あなたはどうしますか？

　本書がそのトリガーとなり、あなたの X(Twitter) ビジネスがより活発に動き出すことを、心から願っています。

2023 年 8 月　著者

仕組みを理解して売上・影響力アップ！
X（Twitter）集客実践ガイド

2023年9月15日　初版第1刷発行
2024年4月30日　初版第2刷発行

著　者	リック（澄川輪夢）
装　丁	広田正康
発行人	柳澤淳一
編集人	久保田賢二
発行所	株式会社　ソーテック社
	〒102-0072　東京都千代田区飯田橋4-9-5　スギタビル4F
	電話（注文専用）03-3262-5320　FAX03-3262-5326
印刷所	図書印刷株式会社

©2023 Rimu Sumikawa
Printed in Japan
ISBN978-4-8007-2117-4